知っておきたい
ダイオラマのはじめかた

Essential knowledge and skills of creating military model diorama.

月刊『アーマーモデリング』／編

ダイオラマの醍醐味

文／斎藤仁孝
Described by Yoshitaka SAITO

　広く知られていることではあるのですが、戦車の模型とダイオラマ作りは切っても切れない関係にあります。他の模型のジャンルではあまり見られないことですが、こと戦車模型に関しては「ダイオラマ作りこそが戦車模型の楽しみ方の王道、チャンピオンである」という風潮はいまだに根強く残っています。

　戦車模型を総称して「陸モノ」という呼び方をするところからもわかるように、当たり前ですが戦車や車両、その周囲の兵士たちは陸上・地面から離れることはできません。地面こそ戦車が最も活躍する場所であり、あるいは整備されて内部を晒す場所であり、破壊されて最後に佇む場所でもあるのです。そういった風景を自分の思うままに切り取って表現することこそ、ダイオラマ作りの醍醐味と言えるでしょう。また、車両単体で仕上げるよりもより広範な知識やテクニック、演出力や構成力が問われる点も、ダイオラマ作りを特別なものにしているのだと思います。

　このように「地面」と「車両・兵士」が密接につながっているところから、車両を仕上げるテクニックとダイオラマの製作方法は表裏一体となって発展してきました。車両のキットの出来が良くなるのに比例して、ダイオラマの製作方法も進化を続けてきたのです。モデラー個々人が発見したテクニックや素材がインターネットなどを介して広く拡散され、またモデラーに素材やツールを提供するメーカーも切磋琢磨を繰り返しています。その結果として現在ではツールやマテリアルがこれまでにないほどの発展を見せており、専門店に足を運べば日進月歩で発達した特殊な用途の道具や新しい素材を常に目にすることができます。また、これらのツールやマテリアルはネットを使えば驚くほど簡単に手に入れられるようになりました。かつてはそれなりの知識と、特定の素材を入手できるルート、そして金銭的にもそれなりの負担があった「ダイオラマ作り」という遊びを、現在の我々はずっと簡単に楽しむことができるのです。ダイオラマを作るという趣味を囲むハードルはかつてないほど下がっていると言っていいと思います。

　そうはいっても、いざダイオラマといわれると「なんだか難しそうだな……」と思う方も多いかと思います。確かに超大作と言っていいであろう大きな作品や、余人には真似のできない技巧を凝らした作品というのは存在しますが、車両単品にちょっとした地面と小物を足しただけという作品でも、驚くほど見栄えは変わってくるものです。手軽に作ることができる地面や小道具で、自分が作った車両の見栄えが大きく変わってくる瞬間には、是非とも体験してほしい楽しさがあります。いきなり大作に挑む必要はどこにもありません。充実している昨今のAFVモデリングの環境を駆使して、ちょっとした作品にトライするところから始めるのでも、充分にダイオラマ作りの醍醐味を味わうことはできるのです。

　本書では、過去に『月刊アーマーモデリング』に掲載された数々のダイオラマ製作テクニックの中から、特に簡単かつ効果のあるものを収録しました。一応目標としては「まずは一通り、車両を置くためのいろんな地面やその周囲の要素を作ることができる」というラインを設定しています。ここに集めたテクニックを応用すれば、車両単品では味わえなかった楽しみが見えてくるはず。"ダイオラマのはじめかた"を、まずは楽しみつつ知ってほしいと思っています。■

Essential knowledge and skills of creating military model diorama.

INDEX

- 02　ダイオラマの醍醐味

- 06　【基本編】
- 07　スタンダードなダイオラマ作りの"手順"を知っておこう
- 12　ベーシックな工程製作方法の解説
- 13　土の地面のベースを作る

- 18　Scene 1　Camouflage/高島 浩

- 26　石畳のベースを作る
- 33　飾り台を使わないでベースを作る
- 36　市販のストラクチャーを使ってみよう

- 40　Scene 2　COME TO RESCUE IT/中須賀岳史

- 48　【応用編】
- 49　地面を作り分ける
- 49　ぬかるんだ地面
- 52　アスファルトの舗装路
- 56　降り積もった雪
- 58　樹木を作る
- 59　生木を使って木を作る
- 62　白樺を再現する
- 64　秋の森を作る
- 68　水を再現する
- 74　様々な水の様子を作る
- 78　建造物・ガレキ ストラクチャーの自作
- 84　リアルな鉄筋コンクリート建造物を作る
- 90　割れた鉄筋コンクリートを作る
- 94　折れた電柱を作る

- 96　おくづけ

ダイオラマの作り方
【基本編】

　ここからは実践！　まずは完成するまでの手順からベースの作り方、地面の作り方などなど、基本的なダイオラマの作り方を解説していきます……と聞くと身構えてしまうかもしれませんが、ここで大事なのはまずひとつ作品を完成させてみること。全体の流れさえ一度把握してしまえば、そこから「次にどうすればいいのか」が見えてくるようになるはずです。

　ということなので、あまり細かいことは考えず、まずは一度ベースと地面、そして車両という3つの要素が揃った状態までたどり着いてみましょう。気持ちとしては「ちょっとだけ凝った戦車の飾り台」を作るくらいの心構えで全然OK。めんどくさいなとか、難しいなと思った工程はスキップしてしまうのもアリです。もちろん、便利そうな道具や素材にはどんどん頼って楽をしましょう。とにかくまずはひとつダイオラマを完成させれば、そこから自分がどうしたいかを発展させることができるようになるものです。ダイオラマは怖くないということを、まずはさらっと味わってみましょう！

スタンダードなダイオラマ作りの"手順"を知っておこう

まずはプラスチックモデルの作り方とは違うため、複雑に感じる作業の進め方の順番を整理して解説していきます

ダイオラマ製作には説明書にあたるものがないので自分が好きなように作業を進めることができます。キットの説明書との格闘から解放され、自分の感性のおもむくままに手を動かすことはとても楽しいこと。設計図は自分の頭の中にあるという満足感、何にも縛られない作業がダイオラマ作りのおもしろいところです。ですが、何もかもが自由になってしまうとかえって「何から初めていいのやら」と悩みがちです。ましてやダイオラマを作ったことがない初心者にとっては迷宮への入り口になりかねません。

ここからはベース決めからタイトルプレートの設置まで、ダイオラマ製作の流れを紹介していきます。必ずしもすべてのダイオラマ製作がこの流れを踏むわけではありませんが、おおよそのガイドラインとして参考にしてください。■

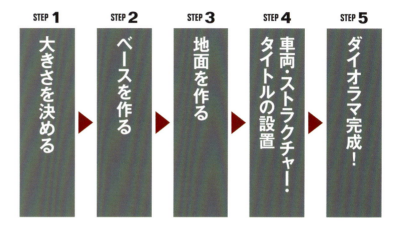

STEP 1 大きさを決める
STEP 2 ベースを作る
STEP 3 地面を作る
STEP 4 車両・ストラクチャー・タイトルの設置
STEP 5 ダイオラマ完成！

STEP1　大きさを決める

まずはベースの大きさを決めるところから始めます。この工程は難しく考えないで簡単でも構いません。置いてみたいもの、テーマがあればそれに必要と感じたものを決めていき面積を出しておきます

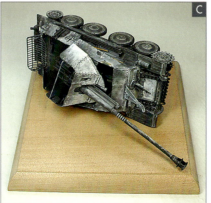

A 必ずではないが、まずはダイオラマのイメージをイラストにしておくのも良い方法だ。その際、簡単でも良いのでストーリーも想像しつつ、必要なものなど描き入れてみよう

B 車両や配置したいストラクチャーなどを紙の上に置いてシミュレーションしておき、ベース枠の大きさをイメージしておく

C 木製飾り台を利用する場合、大きさを変えることができないため、特にスペースの確認が重要になる。ベースが小さすぎると詰め込みたい要素が入り切らず、表現したいことを消化できない。フィギュアやストラクチャーの選択の幅も制限されてしまう

D 大きすぎるベースだと、注目すべき対象へ、作る側も見る側も集中できなくなる。画像の場合、定規から外側は余分なスペースになっている

Essential knowledge and skills of creating military model diorama.

STEP2 ベース(枠・台)を作る

面積がイメージできたら、そのサイズに合わせて台座を選びます。台座はプラスチック材でも再現できますが、地面や車両など、載せるものとの質感に変化が出せることから木材を使用する手法が定番となっています

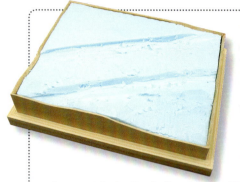

←枠組みタイプ

基本的に自作となる枠組みのベース。自作ゆえにサイズは自由に決められる。多少手間はかかるものの、その自由度の高さは魅力的だ。枠組みタイプは側面にあたる立ち上げ部分を設けると地面の起伏に合わせてベースを作ることもできる。このあたりも上下の幅に余裕があり、自由度が高いと言える

木製の塗装には専用塗料を使う

木で作ったベースは模型用の塗料でも着色はできる。が、染み込んでしまいやすく、ツヤを調整するのがむずかしい。せっかく木で作ったなら木目を活かした仕上げを目指してみよう。木の仕上げには木の着色を目的としたオイルステインと、ニスなどに代表されるコーティング用の塗料がある。どちらにも水性タイプと油性タイプがあり、ハケで塗るなら水性、スプレータイプなら油性が使いやすい。これらの塗料はホームセンターで購入できる

ベースは大きく分けて2種類

1枚板タイプ➡

市販のデコパージュ(飾り台)に代表される板状のベース。手軽にダイオラマ作りに取りかかれ、初心者にもオススメ。四角や丸、楕円や八角形のものもある。自作するのがむずかしい楕円タイプの飾り台は四隅が切り取られているため、余白が少なく、視線の分散が少ない分ダイオラマの主題がわかりやすくなる利点がある

ベースの色で見え方が変わる

色合いや明度によってもその上に載る作品の印象も変わってくる。例えば暗めのジャーマングレー単色の車両を暗いモノトーンに近いベース色の上に置いた場合、車両がベースに溶け込んでしまいシルエットが分かりにくくなってしまう。逆に明るめのベース色であれば離れていてもその車両のカタチが浮きあがり、車両の形がわかりやすくなる。また、補色にするのも良い方法だ

1

2

3

4

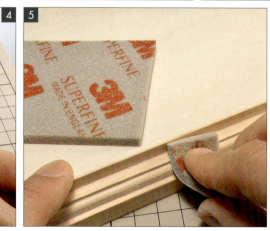
5

1 木材、とくに板状のものは木口と呼ばれる木目の方向に対して前後に位置する切断面で、そのままでは荒れた状態になっている

2 したがって、塗装前の下準備として紙ヤスリなどで表面を仕上げる際には、この木口部分を念入りに仕上げることが美しく仕上げるためのコツとなる

3 また、ダイオラマ用ベースとして角材などを使って飾りのあるフレーム付き木製ベースを組むときには、接合部の隙間などには専用の木工パテを使用しよう。仕上がりが木材と同質になりオイルステインなど木用の塗料をはじきにくくなる

4 余分な木工パテは完全乾燥後紙ヤスリを使い成形しておく

5 写真のように飾りがあり紙ヤスリが掛けにくいような場合にはスポンジヤスリなどを使うと便利。ベースの木部全体をきちんと下処理しておくことが美しく塗装するいちばんの近道である

簡単かつシックな仕上げに オイルステイン仕上げ

木材をキレイに着色できるのが「オイルステイン」だ。色数も多く木製品の着色では定番と言える。このままフィニッシュしてもいいが、ニスなどでコートすることもある

⑥⑦ オススメなのは水性のオイルステイン。色数も多く、用具の洗浄は水で行えるので扱いやすい。使用方法は 容器をよく振って液を撹拌させ、ハケにたっぷり染み込ませて塗っていく。乾燥させながら2～3度塗り重ね、良く乾かしてからウエスで表面を乾拭きする

⑧ 染め液の色の乗りが思い通りにいかなかったところは茶系のラッカー塗料を薄めに溶いたものをエアブラシして馴染ませる。これで仕上げてもいいが、さらなる仕上げは左の2通りからも選べる

上品なツヤが魅力的 ニス仕上げ

着色と同時に独特のテラッとしたツヤはニスの魅力だ。また使用する色にもよるが、塗り重ねることで木目の見え方が調整しやすい。木目を活かした仕上がりになりやすく、防水もバッチリ兼ねる

⑨ ニスは容器に入った液状のタイプとスプレータイプのものがある。オススメはムラになりにくい油性のスプレータイプ

⑩ ニスのみでも着色はできるが、オイルステインで着色すると早く色を乗せることができる。一方、ニスのみで塗り重ねて着色していく方法だと木目を活かした仕上がりになるので、仕上がりの好みによって使い分けるといいだろう

⑪ 1～2度塗料を吹いたぐらいではニスが木目に染み込み、本来のツヤはなかなか出ない。根気よく乾かしては塗り重ねることが大切。とくに木口の部分はよく吸い込む。吹きすぎるとニスが垂れてくるので、一度に吹く量にも気を付ける

透明の層が高級感を演出 サンディングシーラー＋クリアー仕上げ

染め材と仕上げのクリアー塗料の間に塗るのがサンディングシーラーだ。ニスとは異なる、透明の厚い塗膜を形成し、研磨しやすいのも特徴。仕上げのクリアーによるツヤ消し仕上げや、コンパウンドで磨いてツヤツヤ仕上げにすることもできる

⑫ オイルステインの染色が済んだところで、サンディングシーラーの塗膜を作っていく

⑬ 3～4度塗り重ねて充分厚みを稼いでから、ヤスリがけをして表面を均一にしていく。多少研磨しても地まで削ってしまわないように厚みを持たせることができるのがサンディングシーラーの強みだ

⑭ ラッカー塗料のクリアーでコートし、クリアー系の焦げ茶色を調色して色に深みを持たせる。そのあとコンパウンドで表面を磨いて完成

木目を活かした仕上がり オイルフィニッシュ

まるで高級木製家具のような仕上がり。木の本来の色や木目が出やすく、ウォルナットなどの高級木材に適した仕上げ方だ。工程自体もむずかしくないので、ここぞというときのダイオラマやヴィネットのベースで挑戦してみる価値有り！

⑮ 上が未塗装、下のふたつがオイルフィニッシュ仕上げにしたもの。木目を活かしつつ、色に深みが出ていることが良くわかる

⑯ 未塗装のウォルナット材。ウォルナット材は木自体に色味がある木材なので、オイル仕上げだけでも濃い茶色の風合いが出て、なおかつ木目もキレイなので人気が高い

⑰ 使い方はウエスにオイルをたっぷり染み込ませて塗っていくだけ。ある程度浸透したらキレイなウエスで余分なオイルを拭き取る

Essential knowledge and skills of creating military model diorama.

STEP3　地面を作る

地面を再現します。専用のマテリアルが製品化されているのでそれらを使っても良いでしょう。ポイントは起伏をつける場合です。模型用とは異なる素材を使うことで、自由な形状を再現できるようになるのです

- 粘土・ミラコンなどのグランドワーク
- スタイロフォーム・スチレンボードなど
- ベース枠（台）

◀ダイオラマの断面を再現した図。いきなり粘土や模型用の素材を使って地面を盛ると、乾燥が遅くなるだけでなく作品の重量も増し、破損のリスクも高くなる。そのためスタイロフォームなどで地面の基礎を作り、かさ上げしてから粘土や地面再現用の素材で表面を作ることが基本となる

地形はスタイロフォームで作る

地面の基礎となるスタイロフォームは軽く、切削も簡単な素材。断熱材としてホームセンターなどで購入できる。地形の起伏はスタイロフォームを削ることで再現し、この時点でおおよそのダイオラマの地形形状を決めることができる

地面を作る材料は3種類

1 地面そのものを作る素材はおおよそ3種類。粉末系のセメントや石膏、壁補修材などは適量の水と混ぜてペースト状にし、盛りつける。盛り付けたペーストの上に粉のままぶし付け、地面のテクスチャーを得るという方法もある
2 粘土はオーソドックスな地面素材で、さまざまな素材が売られている。ダイオラマ用に調色された色付き粘土もある
3 模型用の素材で、ペースト状の地面再現素材もある。土や砂のテクスチャーのほか、草やアスファルトなどを表現することができる。気軽に使うことができ、リアルな仕上がりになるスグレモノ

A ペースト系の素材はヘラなどを使って塗ると舗装したようになり、使い古した筆などを使ってポンポンと叩くように塗りつけると地面らしくなる
B 地面に薄めた木工用ボンドを塗り、模型用石膏などの粉末系素材を振りかける使いかたもある
C 粘土などは盛り付けただけでは質感は地面らしくない。そんなときは使い古した歯ブラシやワイヤーブラシで表面を叩くとリアルな凹凸が生まれるのも覚えておこう

STEP4　ストラクチャー

地面ができたら必要に応じて電柱や樹木といった要素を追加します。作品のイメージに合わせて作業していきますが、配置していくごとに、作品が豊かになっていくため、ダイオラマ製作でもっとも楽しい作業のひとつです

植物の植生を再現する作業も地面の質感を上げるための重要な工程のひとつ。草素材のマテリアルの充実は近年目を見張るものがあり、プロアマ問わず再現度の高い表現ができるようになった。小石や瓦礫などの素材も併用することでより実感の高い地面を再現する。これらの素材は、ベースを傾けても落ちないようにすべて固定する必要がある

車両を設置し、ストラクチャーなども配置して理想の姿に近づける、仕上げのパートだ。車両やストラクチャーの設置は真ちゅう線やボルトでしっかり軸打ちして取り付けるのが基本
AB 建物や長い木、電柱はしっかりと真ちゅう線で軸を打って固定
C 車両はボルトを通して確実に固定する
D ストラクチャーをベースに固定する際は強度にも配慮して設置することが必要な場合もある
E 必ず付ける必要はないが、タイトルプレートを付けることで作品の説明や正面（見てほしい面）を伝えることができる。ダイオラマ製作の完成を示す、最後の儀式だ

そもそもなんでニスを塗るんですか？

水分を含むと画像のように反ってしまうことがあります。また木材は経年変化で傷みやすいことからも、見た目だけでなく表面を保護するという意味で、ベースの塗装は大切な工程なのです

木工不要なプラスチック製ダイオラマベース

ディスプレイベース枠
● ダイオパーク

使う道具や作業が大きく異なるベース製作での木工工作。勝手が違うので躊躇してしまうモデラーも多いのではないだろうか？ そこでオススメしたいのがダイオパークの「ディスプレイベース枠」だ。プラスチック製で塗装や接着はプラスチックモデルと同じ要領で行なえる。接合部にはツメが付いていて、強度も充分。10cm、16cm、20cm、25cm、30cm、50cmのラインナップがあり、それぞれ2本入りなので組み合わせ次第でさまざまなサイズに対応できる

Essential knowledge and skills of creating military model diorama.

ベーシックな工程
製作方法の解説

おおまかなダイオラマ製作の手順を知っていただいたところで、次は作品が出来上がるまでの実践的でベーシックな作業手順を紹介します

リアルなダイオラマを製作しやすいようにマテリアルが多く製品化されています。それらのマテリアルや技法を駆使することで、初心者でも手軽にダイオラマを作ることができるようになりました。むずかしく考えていたダイオラマ未経験モデラーでも、実際手を動かしてみると案外と簡単にできてしまうものです。

ここではベーシックなダイオラマの作り方を工程の順を追って紹介します。ベースは市販されている木製飾り台と木枠を組んで作る自作のふたとおりがありますが、ここで紹介するのは自作する場合です。ベース枠の自作はサイズの自由だけでなく、地面の起伏に合わせて立ち上げ部分を作ることができるのも魅力の製作法です。　　　　　　　　　　　　　　　■

製作・文／上原直之
Modeled and described by Naoyuki UEHARA

土の地面のベースを作る

ベースの製作は大きさが自由に決められる「木材を使用して枠を作り地面を乗せていく方法」での製作法を紹介します。慣れ親しんだ材質のプラスチックとは道具が変わりますが、ひとつずつの作業はいたって単純なのです

まずはすべての基本となる、「土の地面」をベース部分から作ってみましょう。スタイロフォームと木の板を使いベースを作る手順は、ダイオラマ製作において基本中の基本になる部分です。また、ミラコンを使って地面を作るのも非常にオーソドックスな手法と言えるでしょう。この工程にはダイオラマ作りのコツがとてもたくさん詰まっており、これ以降の工作はすべて地面作りからの延長と言っても過言ではありません。それゆえに、ベースと地面の作り方をマスターすることはとても重要なのです。

使用する道具と材料

1 ここで紹介する工具はどれもホームセンターで購入できる。工具はノコギリと切断ガイド、カッター。切断ガイドは切り口を45度で正確に切断するためのツール
2 接着は木工ボンドやマットメディウム、スプレーのりを使用。地面の塗装は模型用塗料で行なう
3 必ず必要ではないがあると便利なのが茶こしとヘラ、紙コップに爪楊枝。筆は古い古しで充分
4 今回使用した木材はアガチス材とヒノキ角棒。入手しやすく加工も容易な木材。地面に起伏をつける芯材には建築資材の遮熱材、スタイロフォームを使うのが定番
5 木部を着色するためのオイルステインは水性タイプが使いやすい。ハケとウエスも用意する
6 地面の基礎になるミラコン。盛るだけで地面のテクスチャーが得られる優れモノ。小石の表現に使うモーリンのクラッシュブルストーンもあるとより実感が増すアイテムだ
7 スタティックグラス、ミニネイチャー、オランダドライフラワーなど草木を表現するための素材。模型専門店や手芸コーナーなど趣味の素材が豊富なホームセンターなどでも入手ができる

▲作りたいサイズに合わせた長さで角材を切る。切り口を45度に切り出していく。ノコギリを治具に従いゆっくりと急がないで動かすことが綺麗に切るコツ

▲角材を切り出した状態。この時長さが均一かどうか確かめ、ズレが出ている場合は切り出し面を板ヤスリで削り長さを合わせる

▲45度に切り出した部分を仮り組みして隙間が出ていないか確認する。多少の隙間は木工パテで処理できるので気にしなくて良い。接着は木工ボンドを使用する

Essential knowledge and skills of creating military model diorama.

▲角材の内側の長さに合わせて切り出した、立ち上げ部分のアガチス材は、端をカッターで削っておくことで、縁同士が合った際、頂点に切削面が来るようになり仕上がりが綺麗になる

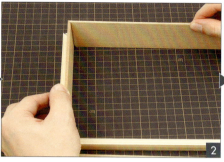

▲先に組み立てておいた角材の枠に合わせ立ち上げ部分を仮組みする。まだ接着はしないでおく。ピッタリとハマるようなら次の工程に進もう

▲枠のみを木工用ボンドで接着し、立ち上げ部分を仮組みしたベースをスタイロフォームに乗せ、切り出す大きさに合わせて線を書き込んでいく

▲切り出したスタイロフォームを再現したい地形に合わせて削っていく。戦車の重量感が表現できる、轍の跡もこのときにおおまかに彫り込んでおくと良い

▲スタイロフォームを仮組みしたベースにはめ込み、地形に合わせて立ち上げ部分の一部を切り出すため、目やす線を書く。線はスタイロフォームより少し上に書き込む

▲立ち上げ部の内側に前後左右の向きをメモしておき、取り外してからカッターを使い、先ほど書いた目やすの線に合わせて切り出していく

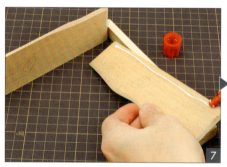

▲立ち上げ部分を接着していく。木工ボンドは、木工用の着色塗料が乗りにくく木目がうまく出ない場合がある。接着の際は、はみ出しには注意して作業する

▲内側や裏面など、完成後に見えなくなる部分には木工用ボンドを充填して強度を高めておく

▲木工用ボンドが完全に乾燥し、硬化したら隙間を木工パテで埋めておく。その際つまようじを使い、しっかりと隙間に擦り込むように付けていく

▲木工パテが完全に硬化したらヤスリで表面を整える。全体を240番を使い木目をなだらかにしておき、400番、800番と番手を上げ（細かくして）仕上げていく

▲木枠部分を水性オイルステインで着色。乾燥後に布で擦りツヤを出す。その後マスキングテープを使い、着色した部分をしっかりとカバーしておく

ダイオラマ作りの際にいちばん重要なポイントは地面を再現する素材を何にするかだと思います。現在では地面を再現するマテリアルが各社から発売されていて、私もいままで粘土やセメントなどをいろいろと使用してきました。今回使用したミラコンは水の分量を調整することによって地面の表情を手軽に変えることができますが、乾燥後に表面が荒くなるので整備された地面には向いていません。軽量で扱いやすいのですが、ひび割れを起こしやすいので木工用ボンドも混ぜて使用するのがポイントです

12 ▲乾燥後の剥がれ防止のためにスタイロフォームの上に木工用ボンドをしっかりと多めに塗り、ボンドが乾く前にペースト状にしたミラコンを盛りつけていく。盛ってみて、ドロっと低い部分に流れてしまうようなら水分が多すぎ、またボソボソして盛りにくい場合は水分が少ないサイン。微調整しながら作業する。また水と一緒に木工ボンドとごく少量の中性洗剤を加えると盛りやすくできる

13 ▲ベースの際にミラコンが付いたままだとマスキングテープが剥がしにくくなり、仕上がりも悪くなるのでヘラを使いそぎ取っておくとよい

14 ▲水で溶いたマットメディウムを表面に塗り、生乾きのうちに粉状のミラコンを茶こしを使いふるいながら撒いていく。均等に撒きすぎると単調な表情の地面になるので注意

15 ▲さらに地面に表情をつけるため、モーリン製のクラッシャブルストーンを撒いていく。撒き終えたら上から指で軽く押して地面にめり込ませる

16 ▲タイヤや履帯による轍の跡もミラコンが半乾きのときに再現する。轍の再現は軟質素材製のベルト履帯が作業しやすい。車両の模型ができているなら、それを使い押し付けても良い

17 ▲盛り付けたミラコンは一晩乾燥させる。完全に乾いた状態でひび割れがないか確認しておこう。ひび割れが発生していたら、ひび割れた部分にのみ、ミラコンを盛り付けひび割れを補修する

Essential knowledge and skills of creating military model diorama.

▲地面の塗装にはタミヤアクリルを使用。ツヤの消え具合や着色のしやすさが地面の塗装にはぴったりの塗料だ。ダークイエロー＋バフ＋フラットホワイトを混色した物をエアブラシで吹き付けた

▲轍の部分は窪んでいるぶん影になるのでGSIクレオスのグランドブラウンをウォッシュしてシェイドを入れていく

▲草を生やしたい箇所にマットメディウムを塗り、乾く前にスタティックグラスを指でつまんで上からまぶしていく

▲スタティックグラスが完全に乾燥したらタミヤアクリル塗料のディープグリーン＋NATOグリーンを混色したものを吹き付けていく

▲少し背の高い木を作る。まずオランダドライフラワーを程よい大きさにカットして幹の部分をタミヤアクリルのカーキドラブで塗装しておき、葉の部分の再現はドライフラワーにスプレー糊を吹き付け、乾燥する前に乾燥パセリを上からまぶす

▲アクセントにミニネイチャー製の草を植えていく。不自然にならないように草の多い部分と少ない部分を意識的に分けて草を植える。

製作・文／上原直之
Modeled and described by Naoyuki UEHARA
シャーマンVC ファイアフライ
アスカモデル 1/35
インジェクションプラスチックキット
Sherman Firefly VC
ASUKAMODEL 1/35 Injection-plastic kit

▲アクセントにしたミニチュアは色彩が鮮やか。落ち着かせたい場合は地面の塗装に使った色をフワッとかけておくとより馴染む。このあとマスキングテープを剥がして車両を置けば完成！

完成したジオラマがこちら。特別なテクニックを使っているわけではないものの、これだけ見応えのあるジオラマを作ることができた。同じ工程で車両や構図が変わるだけでもまた違ったジオラマの姿を見ることができるし、さらに大きな木や電柱などを追加するだけで違った印象になる

本書は、一応「これからダイオラマ作りを始めたい」というモデラーに向けて作られた書籍です。なので、解説されているテクニックやツール、マテリアルは、比較的難易度の低い、トライしやすいものを選んで収録しています。

ですが、ダイオラマ製作に慣れたベテランモデラーならば、ずっとハイレベルな作品を作ることも可能です。その例としてここに収録しているのが、この高島浩氏による『Camouflage』です。撃破されたマーダーⅢとその横を通過するアメリカ兵という、シンプルながらストーリーを感じさせる構成要素は、まさに熟練の手並みです。さらに破壊された建造物や傾いた電柱で高さを稼いでいる点、絞り込まれたベースの大きさと要素の配置の仕方など、非常に高いポテンシャルを感じさせる作品と言えるでしょう。

全体のレイアウトもさることながら、車両やフィギュアの作り込みも充分。さりげなくアメリカ兵の足元に転がった空薬莢や切れてたるんでいるマーダーⅢの履帯など、「死んだ車両」の表現も見事です。反対に「生きた車両」であるジープには大量に荷物が載せられて賑やかな印象になっており、マーダーと比べると小粒ながらぐっと鮮やかな印象を与えます。更に言えば、路面や車両、建造物の汚れにも嫌味がなく、「戦闘があった後らしい質感や空気感は伝わってくるのに色鮮やか」という高い水準を実現しています。

重要なのは、このようなハイレベルな作品であっても、本書で解説しているような基礎的なテクニックの積み重ねの先に存在しているという点です。建造物や石畳の路面など、それぞれの要素の作り方は基本的な部分を押さえておけばその応用で製作が可能だし、本書の内容からステップアップして高密度なダイオラマを製作することは決して不可能ではありません。ダイオラマ作りというホビーの豊かさは、むしろこの「基礎の積み重ねと組み合わせによって、高いレベルに到達することができる」という点にあります。地面を作るだけのところからスタートしても達人の領域に到達できる……そう考えられるならば、この高島氏の作品のようなダイオラマをじっくりと観察するのも、非常に重要なことなのです。■

Masterpiece Diorama Selection
Scene 1
Camouflage／高島 浩

製作ではオープントップの車両の魅力を引き出すために戦闘室内部の無線機コードやヘッドホンコードなどを追加工作、空薬莢や砲弾を無造作に置きました。履帯はモデルカステンの可動式を使用して、外れて垂れ下がった様子を再現することで擱座車両らしさを演出してみました。砲身のマズルブレーキには"無害化"を意味する白い布切れが巻き付けています。米軍の小型車両もタミヤのキットです。パッションモデルズの専用エッチングパーツを使用してディテールアップし、ブラックドッグ製の荷物を載せてボリューム感も高めてみました。塗装は少々大変ですが荷台から溢れんばかりの荷物類がこのレジンキット最大の魅力です。また、路上に放置された荷車と荷台にあるビールはミニアート製。こちらのメーカーから発売されている小物、アクセサリーはダイオラマの作り手としては非常に助かるアイテムです。

フィギュアはアルパイン、タミヤ、ブラボー6を使用しました。なかでもブラボー6のPKカメラマンフィギュアは大のお気に入りです。後方に配置した崩れた建物や塀はタミヤ製スチレンボード5mm厚を2枚重ねたものを使用して製作しました。作り方は先ず適当なサイズにカットした後、ベースに合わせて再度建物の形にカッターで切り出し、煉瓦パターンはスパチュラを使って彫り出しています。窓枠はコバーニ製のヨーロッパの家の窓、電柱や街灯、タンス、椅子等はミニアート製。樋はプラ棒を使いライターで熱を加え曲げています。建物内部のちぎれた青いカーテンはエポキシパテで作りました。鉄柵と蔦は紙創り製です。八角ベースは以前100円均一ショップで購入した物を使いました。スタイロフォームで立ち上げた後に周りを檜工作材で囲み、木工スプレーで着色しています。　　　　　　（高島 浩）

製作・文／高島 浩
Modeled and described by Hiroshi TAKASHIMA
ドイツ軍 対戦車自走砲マーダーⅢ M（7.5cm Pak40 搭載型）
タミヤ 1/35　インジェクションプラスチックキット
GERMAN TANK DESTROYER MARDER Ⅲ M
TAMIYA 1/35 Injection-plastic kit

A 建物はタミヤのスチレンボードでスクラッチビルド。2mm厚のものを2枚貼り合わせることで壁の厚みを調整している。貼り合わせた後はデザインナイフを使い、表面にテクスチャーを付けていけばご覧のような煉瓦作りの壁ができ上がる

B ジープはタミヤのキットを使用。塗装では、「色味がイメージと合った」というGSIクレオスの4色入り『カラーモジュレーションセット オリーブドラブ』の中からオリーブドラブ(2)を使用。AKインタラクティブのウェザリングマテリアルを使いハード目に汚している。これはマーダーIIIとの差を狙ってのこと。それにより戦況が逼迫して生産するそばから撃破される末期ドイツ軍、西部戦線の状況を塗装で演出しているわけだ。車両後部に所狭しと積まれた荷物はブラックドックのレジンキャストパーツを使用している。載せ方のバランスも良く、「野菜」が色味のアクセントが作りやすい

CDE ジオラマでは"ちょっとしたもの"を追加することで、表情が大きく変わることがある。だが、そのための「ここにはこれをおきましょう」というマニュアルはない。配置してみて「いる・いらない」を試行錯誤をすることも必要だ。そして作品を徐々に豊かにしていくのがジオラマ作りの楽しさの真髄でもある

C はミニアートの街灯セット(35560)から、**DE** のマンホールと消火栓はプラスモデルのレジンキャストパーツを使用しているまたベースの石畳はスチレンボードから作っている

F 3体登場するフィギュアはすべてブラボー6のレジンキャストキット。高島氏はフィギュアの塗装では一貫してハンブロールエナメルを使い続けている。初めは雑誌の影響だったということだが、使いやすく感じ、以来ずっとフィギュアの塗装はこの塗料と決めている。一時期国内の流通が滞り、専用の薄め液や、白や黒といった基本色の在庫が枯渇した頃もあったが、その時期は、販売店のストックを探し回ったりと大変だったそうだ。それでも塗料を変えなかったのは性質を熟知しているからこその慣れや発色の良さ、塗膜の薄さなど他のものとはがたい良さがあったからだ

G 荷車の荷物はミニアートのものを使用している。瓶の栓や瓶ケースなどビビッドな色で塗り分けることで、良いアクセントとなっている

H「1944年、ドイツ帝国崩壊の始まりとなる連合軍の上陸作戦。進行する米軍兵士の前に現れた独軍対戦車自走砲。もはやその強力な火力を発揮することなく放置、尽き果ててしまい、今や鉄の塊となってしまった……」そんなシチュエーションを思案しながら製作されたこの作品。市販の八角ベースに要素をコンパクトにまとめて建物と電柱で高さを使い、スペースに無駄の無い作品に仕上げられている。奇をてらわず王道とも言えるレイアウトとなっているが、密度や全体の色合いなどバランス感覚がすばらしく、これからジオラマに挑戦したいという方にはぜひ参考にしてほしい仕上がりだ

A B マーダーⅢMはタミヤのキットを製作。「切れて動けない」状態を表現するため、履帯をモデルカステンの連結可動式（SK-30）に交換。車内に地図や無線機や、その配線も追加している。それ以外はキットの説明書に従い組み立てを進めた。ジープを塗装する際はラッカー塗料を使用したが、マーダーⅢMはタミヤアクリルを使用している。本来、高島氏は車両の塗装にはタミヤアクリル塗料を用いるが、この作品のジープはレアケース。それだけジープはイメージと合致した色味だったというわけだが、注目したいのはマーダーⅢMの色合いだ。少し明るめに調色した色で3色迷彩を完了させ、AKインタラクティブのウェザリングマテリアルを使い、徐々にトーンを落としていく。と、ここまでは普通の塗装と言えるが、その塩梅が実に絶妙で、建物や地面といったベースのストラクチャーと色合いや濃度を合わせることで米軍車両、フィギュアとのコントラストを生み出している。その効果により、マーダーⅢMはもうひとつの主役でありながら背景という側面をも持たせることで作品全体の色味の統一感や、ストーリーがより感じやすくなっている

C 建物の裏側には木材を加工して床を再現。タイトルプレート側を正面ととらえるならば、ちょうどダイオラマの裏側にあたる部分となり"見せなくても成立する部分"だが、手を抜くことなく作り込むことでダイオラマ作品としての完成度が高まる部分でもある。鉄柵は紙造りのもので字のごとく紙製。壁を伝うツタも紙造りのものだ。市街地のダイオラマとはいえ、草や木といった自然のものを作品に登場させるのは効果的だ

D 家具類はミニアートの製品。瓦礫だけでも良いが、生活感あるものを追加することで戦場の悲壮感が高まり作品のストーリーに重厚感が出る。鮮やかな青のカーテンが目を引くが、エポキシパテを薄く伸ばしたもので製作。壁紙は1/35模型用マテリアル。1/35の世界はテーブルクロスや食器、小動物などなどほとんどのものが製品化されている

E 荷車（荷馬車）もミニアート製。馬につなぐチェーンを追加して精密感を高めている。戦車をディテールアップするよりも、こういった脇役こそ、しっかりと手を加えておくことで見せ場のひとつにもなる

石畳のベースを作る

第二次大戦中から現代まで戦車が多く活動したヨーロッパを再現するには石畳の作り方もまた戦車模型ダイオラマでは押さえておきたいところです。そこでここからはベーシックな石畳工作方を紹介します

ダイオラマで建物などを作る素材として昔からよく使われてきたのがスチレンボードです。スチレンボードは高密度の発泡スチロールで、通常の発泡スチロールと比べてもきめがこまかく、表面もとてもなめらかに仕上がる。軽いことや、切る、削るといった切削加工がとても簡単にできる利点があります。タミヤからは1mm、2mm、3mm、5mmと豊富な厚みのスチレンボードが発売されています。模型店でも容易に入手が可能なことも嬉しい素材です。

ここからは、その優秀な素材、スチレンボードを使用して、石畳の地面を製作する工程を紹介していきます。スチレンボードの使い方をマスターできれば、石畳だけでなく、さまざまなものの再現にも対応できるので、レイアウトの幅を広げてくれるのでぜひ知っておきましょう！

製作・文／副田洋平
Modeled and described by Youhei SOEDA

▲土の地面よりも比較的に再現に材料を必要とせず、ひと目見て「ヨーロッパ」を感じさせることができるのが石畳ベースの魅力だ

使用する材料

瓦礫を再現するためによく使用されるのが石膏。石膏は質感自体がコンクリートやレンガ、漆喰などの建造物の素材ととてもよく似ていて、割れや欠けなど瓦礫に欠かせない表現もしやすい素材。着色も絵の具で簡単に行なえるので、レンガにしたりコンクリートにしたりと混ぜる色次第でさまざまな素材の表現ができる。それ以外にも薄板や市販の瓦礫素材など、複数の素材を併用すると瓦礫の乱雑な雰囲気が増してくる

◀スチレンボード 3mm厚 B4サイズ (3枚入)
●タミヤ 問タミヤ

とても肌理の細かい低発泡スチロールの板材。石畳を再現する材料としては最適。1mm厚、2mm厚、3mm厚、5mm厚とあるが、ここでは3mm厚、5mm厚を使用している

◀道標セット
●タミヤ 問タミヤ
※生産休止中

電柱や街灯、標識や柵などダイオラマのアクセントに最適なアイテムが詰まったキット。今回はこの中から街灯をチョイスして使用した

◀事務机＆アクセサリー 1/35
●ミニアート
問GSIクレオスホビー部

生活感をかもし出すこともできダイオラマの市街地戦の雰囲気を高める際に有効だ。ミニアートの事務机＆アクセサリーセットからはイスを使用

◀欧風屋根瓦 1/35 石膏製
●マソモデル 問M.S Models

石膏製の瓦も製品化されている。乱雑な瓦礫の中に精密さを織り交ぜることで、より説得力を持たせられる

▲瓦礫のメインとなるレンガを石膏で再現する。アクリルガッシュの茶色を水で溶いたものと石膏を混ぜ、ペースト状にする

▲レンガの幅に区切ったスチレンボード製の枠に着色した石膏を塗り込む。隅にまでしっかり流れ込むよう、割り箸で石膏を押し込む

▲石膏が流し込めたら、余分な石膏を濾して乾燥させる。石膏は硬化し始めるのが早いので手早く作業を行なう

▲完全に乾燥すると色が淡い色味になる。型から出し、適当な長さにレンガを切って量産。こまかなカケラも使用するのでとっておく

▲ベースの大きさよりもふた回りほど小さい島を作るためにベースの形をトレースしていく。使用したのはタミヤの5mm厚のスチレンボード

▲切り抜いたスチレンボードにディバイダーやコンパスを使用して、さらに内側に線をけがいていく

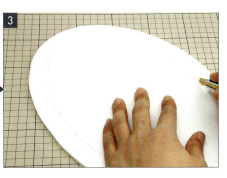

▲けがき線を目安にカッターナイフで切り抜く。一度で切ろうとすると断面がささくれてしまうので、軽く何度も往復させて切断する

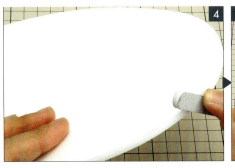

▲スチレンボードの断面はダイオラマの際の部分になるので意外と目立つ。600番ぐらいのやすりで表面を整えておくと仕上がりが良くなる

▲ベースがカットできたら、レイアウトを決める。歩道のラインや厚さなどを余った切れ端などで大まかに決めていく

▲端には歩道を作り、変化を付けることにした。位置が決まったら3mm厚のスチレンボードで歩道部分を切り出し、縁をベースと同じく整える

▲接着は木工用ボンドで接着するが、厚く塗りすぎるとはみ出たりするので、ボンドをつけたら薄く伸ばして接着する

▲インクの切れたボールペン(硬い針状ものならOK)を使い、石畳の横のラインを彫っていく。歩道の縁石をガイドに三角定規を使って作業すると正確に溝が彫れる

▲縦のラインで不揃い感を出していく。基準となる石の大きさを決め、それより少し大きい物、小さい物とイメージしつつランダムに彫っていく

Essential knowledge and skills of creating military model diorama.

 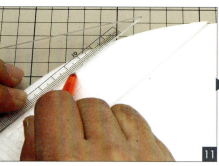 

▲石の四隅を中心にボールペンを強く押し当て、石が独立している感じを表現する。ここでもランダムに作業すると自然になる

▲歩道部分は車道との対比でキッチリと大きさが揃った石畳にしたいので、定規を当てて均等に溝を彫っていく

▲つまようじやスパチュラなどで石の欠けや凹みの表情を部分的につける。スチレンボードは押し付け具合によって簡単に凹凸が付けられる

  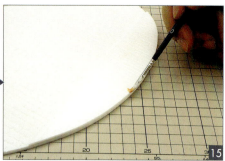

▲水はけをよくするための傾斜を指でつける。指のひらで潰すように強く押し込むと簡単に傾斜が付けられる

▲より石の質感と立体感を出すために、モデリングペーストを使用した。全体に塗るとせっかく彫った溝が消えてしまうので石のみに塗る

▲歩道の整った石畳はモデリングペーストを水で薄めに溶き、車道の荒い石畳と差を付けた。ベースの縁も同じくモデリングペーストを塗る

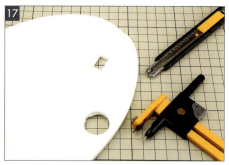

▲ミニアートから発売されているストリートアクセサリーキットからマンホールと排水溝を加えてみる。パーツに合わせてマンホールと排水溝のサイズを測り、カッターとサークルカッターでカット

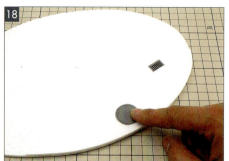

▲モデリングペーストが乾燥したら、400番～600番程度のスポンジヤスリを使い、全体の表面を均していく。特に筆目が残ってしまっている部分などに注意しながら作業する。縁の部分も忘れずに慣らしておこう！

▲マンホールと排水溝は別に塗装したいのでまだ接着はせず仮組みしているだけ。ちょっとした要素の追加で石畳の雰囲気がグッと増した

▲歩道も細かなパターンをなぞるように石の種濃淡を付けていく

▲石畳の基本塗装を行なう。タミヤアクリルのジャーマングレーを使用し濃淡をつけながらエアブラシで塗装する。溝等の奥まった部分や歩道との境目等は濃く塗っていく。決して塗りつぶさないように、下地のモデリングペーストの白色を活かすように塗装していく

▲別でGSIクレオスのMr.メタルカラーのダークアイアンで塗装しておいた排水溝とマンホールをはめ込む。接着は裏側から木工用ボンドを使い固定した

▲埃汚れをウェザリングカラーを使用して表現。ポイントはウェザリングカラーをいきなり地面に塗らず、まず埃汚れを足したい部分をうすめ液で軽く湿らせてから、ウェザリングカラーを乗せてぼかしていく。石と石の間の目地の部分にはよく埃が溜まるので、そこを中心に汚しを加えていく

▲次にファレホで石の色味に表情をつけていく。さきほど塗装したエアブラシのジャーマングレーをすべて塗りつぶす必要はない。塗り分けは平筆を使うと作業しやすい。濃いグレー、水色寄りのグレー、グリーン寄りのグレーなど、3～4種類のグレーで塗り分けると実感が出てくる

Essential knowledge and skills of creating military model diorama.

▲マットメディウムでレンガを接着していく。瓦礫を置きたい部分にマットメディウムを塗っておき、レンガを配置していく

▲レンガだけでは単調になるので、木材も織り交ぜながら配置。これも目立たない部分にマットメディウムを塗って接着

▲そのほかさまざまな瓦礫素材を配置したら、水で溶いたマットメディウムを流し込んで瓦礫をまとめて固定する

27
▲流し込んだマットメディウムが乾かないうちに細かい瓦礫をふりかけておくと自然に瓦礫のかけらが積もった感じになる

28
▲家具などを配置して生活感を演出。ミニアートのイスを塗装し、色味が浮かないようにウェザリングして配置した

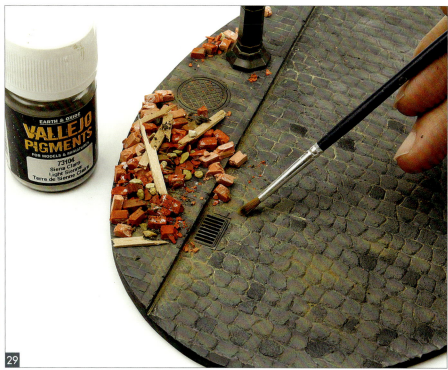

29
▲埃の表現として、ピグメントを粉のまま直接まぶす。石畳の部分にも、まだらになるようにまぶすと全体に統一感が出る

30
▲石畳の部分には1/35の新聞紙（ミニアート）をシワにして配置。混沌とした街の様子を演出してみた

31
▲別に仕上げておいた木製飾り台に接着する。最後にタミヤの道標セットに含まれる街灯を裏からプラ棒で軸打ちして配置すれば完成だ

Essential knowledge and skills of creating military model diorama.

製作・文/副田洋平
Modeled and described by Youhei SOEDA

WWⅡ ドイツ軍 Ⅳ号戦車D型(スマートキット)
ドラゴン・プラッツ 1/35
インジェクションプラスチックキット
Pz.Kpfw.Ⅳ Ausf.D
DRAGON-PLATZ 1/35 Injection-plastic kit

市街戦の雰囲気を高めるために欠かせないのが石畳と瓦礫だ。石畳に加え、瓦礫があることで作品の情報量が増し、戦場でのシチュエーションを説明することができる。例えばこの作品なら「石畳で街灯がある。エンジンデッキが熱帯仕様になっていないⅣ号戦車D型で対空識別の白帯はないのでフランスか?」と、タイトルプレートがなくても理解しやすい作品に仕上げることができる。これも石畳の効果だ

飾り台を使わないでベースを作る

ここではベテランダイオラマビルダーが初心者でも挑戦しやすいようにと考案した、ちょっと変わったダイオラマの製作方法を紹介します

製作・文／竹内邦之
Modeled and described by Kuniyuki TAKEUCHI

ダイオラマの製作でなんとなく敷居が高く感じさせている原因はベース枠に見られる「木工作業」ではないでしょうか？ 木材で作ったベース枠はうまく仕上がれば地面や車両をグッと引き上げてくれますが、プラスチックモデルが作りたいのに道具を揃えたり、使い慣れないニスやノコギリでギコギコと……。極論、ベース枠がなくてもカッコいいダイオラマは作れるのです。技の名前は「いきなり地面の術」。まずはここから挑戦して見ても良いかもしれない、そんな技法を解説します。

▲早速スタート！ まずは作品に合わせてサイズを決める。車両をコピー用紙の上に置き大体の形を鉛筆で描く。これくらいの車両であるならA4サイズ位が目安

▲コピー用紙を描いたラインに沿ってカットする、セメントを盛った際のはみ出す部分を考慮し実際の大きさより若干内側（約1cmぐらい）をカットするのがコツ

▲カットした用紙を型紙にして、鉢底ネットをハサミでカットする。鉢底ネットは比較的に柔らかいプラスチック製だったのでハサミでも容易に切ることができた

▲セメントに水とモルタルボンドを適量混ぜ練り合わせる、セメントは良く練ることにより丈夫に仕上がるようだ。ただし今回は"超速乾"なのでテキパキと作業

▲平らな作業台にゴミ袋などビニールを敷く。そのビニールの上にカットした鉢底ネットを置き、ネットの上から練ったセメントを盛りつける

▲セメントを全体に盛り終えたら、車両を載せる部分をあらかじめ作っておく。さらに履帯の跡をつけておく。作業ではキットに付属するベルト履帯を使用した

Essential knowledge and skills of creating military model diorama.

▲セメントが硬化する前に毛が硬めのブラシを使って全体を馴染ませるとともにテクスチャーを付けていく。ブラシは歯ブラシ、タワシなどでも良い

▲半乾きの状態で車両を乗せバランスの確認をする。ここまで約30分、気温、湿度などによるが一時間ほどで硬化するので、ここでひと休み。一晩寝かせるとより安心

▲作業再開。パレットナイフなどでビニールからベースを剥がす。モルタルボンドを混入しているため多少くっついているので、端から慎重に剥がしていく

▲剥がし完了。端が鋭くなっている部分もあるのでスポンジヤスリなどで滑らかにしてやると、ケガや割れ(欠け)の予防にもなる

▲さらに上から水で溶いた木工用ボンド(使用した木工ボンドは「速乾タイプ」)を染み込ませてテクスチャーを固定する。ドライヤーを使いつつボンドの乾燥を1時間ほど待つ

▲全体にテクスチャーを付ける。木工用ボンドを水に溶いた物を塗り、バラストを撒く。テクスチャー素材は大きさの違うものを用意し、バランスを見ながら撒くと良い

▲乾燥後ベースに色をつけていく。まずベースの陰になる部分にラッカースプレーのフラットブラックを吹き付ける。缶スプレーを上手く利用することで作業時間の短縮ができる

▲次にラッカースプレーのレッドブラウンを全体にフワッと吹き付ける。前段階のフラットブラックの陰を残すように吹きすぎないようにするのがポイント

▲さらに、ダークイエローなど明るい色を軽く吹き付けトップの部分の色をつける。着色は缶スプレー……でもよかったが、なかったのでエアブラシを使用した

▲タミヤアクリルのバフ、デザートイエロー、フラットフレッシュ、フラットアースなどを燃料用アルコールで極薄く薄め全体に塗りつける。色は混ぜずにそれぞれの色を乗せる

▲ミニチュアの草むら。近年この手の素材は多く発売されるようになったが、非常に便利でリアル。以前は麻ひもなどをほどいて植えていたのに比べれば1時間は短縮

▲ミニチュアの草むらは、それ自体に糊が着いているので、そのまま着けることもできるが今回は念のため木工用ボンドで着けた

使用した材料

▶︎『いきなり地面』の材料はロックタイトの超速乾セメント、モルタル用ボンド、鉢底ネット。モルタル用ボンドはセメントに混ぜることにより丈夫にすることができる。これらの商品はホームセンターで購入ができる。鉢底ネットはホームセンターや100円均一ショップで購入ができる

車両を置いて完成！ 中東の乾いた地面と使い込まれた車両がベストマッチ。どうです、この浮き上がったような感じかカッコイイ。まさに空間を切り取った感じで独特でしょ？作業もカンタンだし材料も単純。皆さんもぜひ試してみてください！　　（竹内邦之）

市販のストラクチャーを使ってみよう

建物があるダイオラマは本格派。確かにそのような一面もありましたが、プラスチックモデルの道具で作れるキットもあるのです

製作・文／住友たかひろ
Modeled and described by Takahiro SUMITOMO

ダイオラマの構図の作り方のコツのひとつに、「視線が奥にそのまま抜けるより、奥で遮られたほうが決まる」というものがあります。ダイオラマの奥側に、何かしら壁状のストラクチャーが配置されていたほうが、平らな地面がベタッと続くよりも濃縮感がある絵になりやすいのです。

その奥の壁として便利なのが、ある程度背の高い建物です。しかし、これを一から製作するのはなかなか骨が折れるもの。道具もプラモデル用とは異なるものが必要になりますし、ちゃんと仕上げるためのコツもプラモデルとは異なります。

でもそこは心配ご無用、そんなユーザーのために各社から市販のストラクチャーが発売されているのです。現在は品数も多く組み立ても簡単と、市販のプラスチック製ストラクチャーを活用しない手はありません。

いろいろあるぞ！
ミニアートの建物シリーズ

　ダイオラマにもってこいな小物やストラクチャーをプラスチックキットで発売するウクライナの模型メーカー、ミニアート。市場ではレジン製や石膏製のストラクチャーがほとんどを占めるなか、それらよりも安価で多く流通するプラスチック製のストラクチャーキットは見逃せない。そんなミニアートのストラクチャーキットの作り方、使い方を見てみよう。

　建物キットといえば石膏やレジン製が定番とされていたのなか「バキュームフォームキット」という少し異質なキット内容で展開をつづけるミニアートの『ジオラマ』シリーズ。プラスチックモデルの道具・接着剤で製作できることの手軽さから着実に浸透して、いまや建物といえばミニアートと言えるほど。バリエーションも豊富で作りたい情景の用途の合わせて選択できる。ここでは代表的なものを紹介していこう！

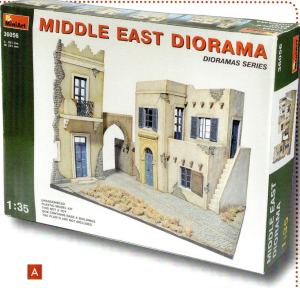

A

▲建物とベースがセットになったシリーズ。まさに車両やフィギュアを置けば情景作品になる。種類も約30種といちばん多く主力商品といったところか。背景の建物は倒壊したものだけでなく健在なものもある。ヨーロッパの建物が多い。壁とベースのシリーズもある

◀建物の一部を再現したシリーズ。地面は車両などの都合に合わせて作りたい場合などいちばん使い勝手のよいシリーズ。街灯や窓枠などはインジェクションプラスチック製。キットによっては紙製の「壁紙」も付属。シリーズはヨーロッパからアフリカまで約20種ある

B

▼石畳など地面だけのシリーズもある。ベンチやマンホールなどオマケも付属するパターン

C

▲地面、建物だけでなく車両やフィギュアがセットになったシリーズもある。まさにはこの中身だけで本格的な情景を作ることができる内容だ

◀柵やベンチ、電柱などなど、建物周りのアイテムも豊富に用意。手押し車や樽など小物も充実したシリーズ

D

E

F

▲▶建物だけでなく、石畳を再現したベースも付属するミニアートの『廃墟の工場』(36053)を使い、サイバーホビーのSd・kfz234／4『パックワーゲン』(6772)をメインとして吉田伊知郎氏が製作したダイオラマ。塗装技術に高さやフィギュアの存在があるものの、ミニアートのキットを使い車両やフィギュアを配置するだけで素晴らしいダイオラマを作ることができる好例だ。ベース枠は木材で作っている

　建物のキットをバキュームフォームキットで多数発売するミニアート社。バキュームフォームとは板状のプラ材を温め、柔軟になったところで型に吸い付けることで成型されたモナカ状のキットのこと。そのため通常のインジェクションプラスチックキットのパーツと違いランナーやゲートは無く、パーツの外周に余白のプラ板が付いている。切出しには通常のキットの組み立てとは要領が異なる工程もあるが、接着にはプラスチック用の接着剤が使え、パテ、塗料も使用することができる。レジンや石膏では重くなりがちなストラクチャーを軽くすることができる点も大きな利点だ。ミニアートが発売する建物キットには建物単体やインジェクション成型の電柱などをキット化した「ビルディング＆アクセサリーシリーズ」、専用のベースが付属する「ジオラマシリーズ」がある。実際に建物キットを組み立てる工程を追っていこう。ミニアートのバキュームフォームキットならほとんどに応用できる製作法なので参考にしていただきたい。必要な工具はプラスチックモデル製作で使用するものと同じ。

バキュームフォーム製建物キットを作る際に知っておきたいこと

材質がプラスチックなので、接着剤などはプラスチックモデルを製作する際に使用する道具と同じです。まずはキット攻略のポイントが4つありますのでご紹介しておきましょう

①切り出し
▲カッターで切り出す。デザインナイフを使うと凹凸面も切り出しやすい

②表面処理
▲不要なピンは削り取っておき、ペーパーがけして均しておく

③貼り合わせ部分の面出し
▲切り出した面はしっかり面出しして接着したときに隙間がなるべく出ないようにする

④内部の補強
▲薄いプラ板のモナカ状になるので、貼り合わせ前にはプラ板で補強材を接着する

1 ▲まずはパーツ部分を大まかに切り離していこう。作業はいたって簡単。カッターナイフで切れ目を入れ筋に沿って切れ目の反対側から力を入れて曲げれば割れて分離できる

2 ▲次に使用する部分に合わせて余白を綺麗に取り除く。まずは慎重に切りたい部分をデザインナイフや鉄針でなぞる。パーツの厚みの半分ぐらいの深さの切り込みを入れる

3 ▲鉄針で入れた切り込みにエナメル系薄め液を流し込みしばらく置いておく。作業はスミ入れ塗装の容量で行なう

4 ▲溝に流したエナメル系薄め液が作用して切り込み部分のプラスチックが若干脆くなる。その状態から余白部分を数回軽く折り曲げればポロっと取れる

5 ▲パーツを切り出したら整形する。当て板にヤスリを貼り付けたもので作業する。ヤスリ掛けはパーツ同士の接着面が歪まないように注意して行なう。パーツの厚み分削り落とすと良い

6 ▲大きなパーツは平らな板の上にヤスリを敷いてその上で行なう。力を入れすぎないように軽く押さえ、8の字を書くようにパーツを動かして削る

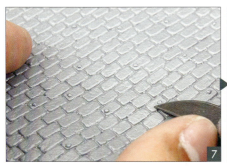

7 ▲ミニアートのパーツ表面には、成型時にできた小さな出っ張りがあるので取り除いていこう。まずは先が平らなノミや丸刃のデザインナイフなどで大まかに削る

8 ▲あらかた削り落としたところで、ヤスリ掛けをして表面を鳴らしておけば完了だ

9 ▲接着はプラスチックモデル用がそのまま使える。まずは仮組みして隙間ができないか確認する。同時に強度に問題がないか見ておこう。問題なければ接着する

▲表裏を貼り合わせたパーツをさらに組み合わせて形にしていく。接着面もヤスリで平に均しておこう。多少隙間ができてもパテで埋めれば良い

▲ここからは趣向を変えて、現用車両と組み合わせる場合の加工を行なう。これは古くからいまだに同じ街並みを保つヨーロッパならではの製作法だ。まずはレイアウトを決める

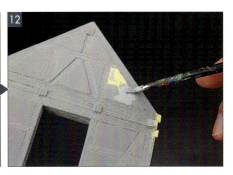
▲ミニアートの製品は「戦場」「戦時中」を思わせるダメージが再現されているものが多い。部分的に崩れたような再現がされているところはパテを使い埋めておく

▲特に建物の端は崩れている状態を再現してあるキットが多い。こうなると復活させるよりも、倒壊部分だけ取り除いてしまった方が簡単だ

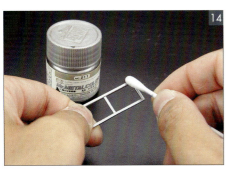
▲窓はMr.メタルカラーを使いアルミサッシをイメージして塗装した。木製として仕上げても良かったが、あまり古い方に振ると現代に見えにくくなるので記号として入れている

▲さらにプラスチック製のポールや今風の道路標識、ゴミバケツなど現代らしさを高められるアイテムを加えた。鮮やかな色を作品に加えることもできた

NATO軍系の車両もかなりの数になってきましたが、いざダイオラマを製作しようとすると湾岸戦争やイラク戦争のような砂漠地帯の作品になるのも当然かと思います。ヨーロッパを舞台にした現代のダイオラマを製作するのはなかなかハードルが高いと思われがちかもしれませんが、ヨーロッパの街並みは近代的な街並みもあれば、大戦中から変わらない街並みもたくさんあります。実際に演習風景の写真などを見ていると大戦中と変わらない街の近くで演習を行なっていて、レンガ造りの家や石畳の場所を移動している写真を多く確認できます。ヨーロッパの街並みを再現できる建物のキットはミニアートからたくさん発売されているので、今回はそれを使い現代のヨーロッパの風景を再現していきました。　　　　　　（上原直之）

製作・文／上原直之
Modeled and described by Naoyuki UEHARA
ドイツ連邦軍装輪装甲車SpPz 2 ルクス A1/A2「2 in 1」
タコム 1/35　インジェクションプラスチックキット
SpPz 2 Luchs A2
TAKOM 1/35 Injection-plastic kit

Essential knowledge and skills of creating military model diorama.　39

わりとベテランのモデラーでもトリッキーな構図を狙ったがために、一見おもしろそうな感じは受けても、どこかスッキリしない作品に仕上がってしまっているということがあります。

ここで紹介する作品はまさにその真逆で、作品にはトリッキーさはありません。しかし構図作りが正攻法でバランス感覚も高く、ストーリーに限らず、車両やストラクチャーの配置に関しても作品内で起承転結をつけています。またダイオラマスペースに対する空間の使い方が抜群です。絶妙なバランスで成り立った作品は、たとえば車両の角度が少し変わっただけで、ひとつの不安要素が生まれてしまいます。しかしこの作品にはその不安な要素がまったくありません。

作品に違和感がないため、パッと見ただけで"普通の作品"と評価するかたも多いようですが、それは「可でも不可でもない」といった類いのものとは根本的に異なります。中須賀さんの作品から受ける"普通"という感覚は、"安心感"と言い換えるとしっくり来るはずです。高さや傾きなどの空間把握能力が高いダイオラマ作家、それが中須賀さんを評価する最善の言葉だと思います。構成能力の高さは、フィギュアが如実に語っています。彼のダイオラマに登場するフィギュアは、基本的に既存の製品の組み合わせだけで構成されています。別々のフィギュアセットを数種類組み合わせて、それがまるでそのシーンに合わせられたフィギュアセットのように違和感なく配置できるのは、ひとえに構成能力が高いからでしょう。これはスクラッチビルドをするしないという次元の話しではなく、スクラッチビルドする必要が、中須賀氏にはないのです。これは真似しようとしても、なかなかできるものではありませんが、参考にしていただきたい要素なので紹介します。■

Masterpiece Diorama Selection
Scene 2
COME TO RESCUE IT／中須賀岳史

まさにヨーロッパを開放するために救世主の如く現れたアメリカ軍を表した作品。戦車の上に積まれた荷物や、土嚢がアメリカ軍らしさを強調している。また、氏の作品は色使いにも注目したい。対空識別のオレンジや窓とドアの緑、少女の服や砲塔にさりげなくおかれたカップなどの赤といった色を各所に配置することで、AFVモデルに起こりがちな色味の乏しさを補っていることも中須賀作品の特徴だ。この作品のレイアウトでは背の高いシャーマンを使っているにも関わらず、ストーリーの焦点をさらにその上に持っていくことでみごとに調和を取っていて、本来主役にしたい車両すらみごとな名脇役にしてしまう構成力を見せている

製作・文　中須賀岳史
Modeled and described by Takeshi NAKASUGA
M4A3(76)W VVSS シャーマン
ドラゴン 1/35 インジェクションプラスチックキット
M4A3(76)W VVSS SHERMAN
DRAGON 1/35 Injection-plastic kit

Came to rescue it.
U.S. M4A3(76)W. Sherman Medium Tank

対戦車砲やパンツァーファーストから身を守るために、土嚢を山のように積んだサンドバッグアーマー仕様の車両は、記録写真などでも多く見られるので馴染みがあり、一度は作ってみたいと思っていました。車両自体にはドラゴンのM4A3(76)を使用。ほとんどストレートに作っています。サンドバッグアーマー部分はレジンパーツを使いました。用意したのはレジェンドの「LF-1117.M4A3 sandbag Armor set」をチョイス。少々オーバーな表現でドライバーは前が見えない感じだったりもしますが、車体とパーツのマッチングはまずまずで、なんといっても車体のシルエットを一変させるほどの絶大な効果が魅力です。そういう意味ではオーバーでよかったのかも知れません。

フィギュアはなるべく戦車と同化してしまわないよう、さまざまなタイプの服を着た兵士を選んでいます。もっとも戦車上は土嚢と荷物の山なので、統一感のないバラバラな印象にさらに拍車をかけた状態で、それがまた米軍っぽくてよいアクセントになったと思うのですが、如何でしょうか。 (中須賀岳史)

A 車両の後部には所狭しと荷物が積まれている。荷物は一部にレジンキャストのパーツ（木箱）を使っているがほとんどがプラスチックパーツの寄せ集め。隙間に布やバックを配置して組み合わせ、まるで一体成型の製品化のようなまとまりをみせている。丸めたネットはガーゼで製作。バック類はエポキシパテによるスクラッチビルドで再現。鮮やかなオレンジでひときわ目を引く航空識別用のシートはティッシュペーパーにエポキシパテをラッカー薄め液で溶いたものを塗り、固めて作ったもの。レーションの箱は紙製に切り抜き、折り曲げて製作。荷物にはドイツ軍の砲弾ケースも使用しているが馴染んでいて全く気にならない

B/C 脇役(?)のシャーマンはドラゴンの#6325.M4A3(76) w/「プレミアムエディション」を使用して製作。車体自体はキットの指示に従い組み立てられており履帯も付属のベルト式と、特にディテールアップなどは施されていない。荷物やアプリケーションにより情報量が上がるため、あえてする必要のないだろうという作者の判断があったためだ。確かにライトガードなど、シャーマン特有のディテールアップポイントが土嚢に埋まるなどしている。作者の判断力の正確さもさることながら、闇雲に車両をディテールアップしなくても精密感が得られるという好例だろう

D/E 車体の外周に付けられた土嚢と、そのラックはレジェンド製のレジンキャストパーツ。土嚢とラックが一体成型されていて、各部に接着すれば再現できる……と考えていたそうだが、実際には接着面を削ったり、歪みを直したりと悪戦苦闘。その甲斐あってか、記録写真を見てからイメージしていたシャーマンを再現することができた。車両の塗装はラッカー系塗料を使い行なっている

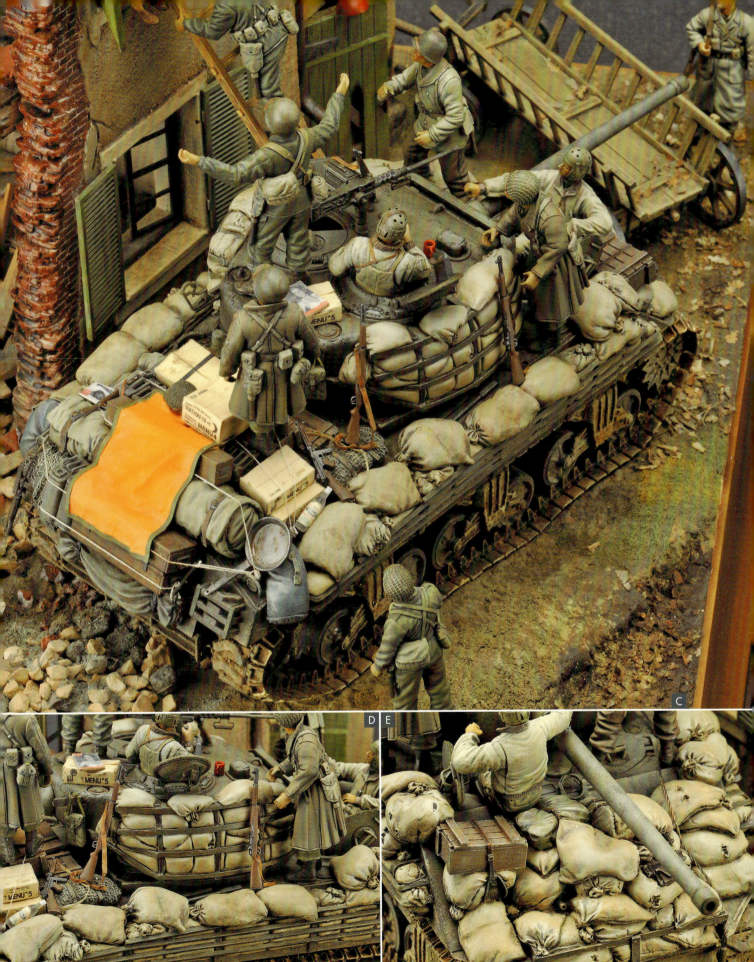

A 折れた木材は薄い木の帯材で再現。表面の質感のみならず折れ口のリアリティは流石に本物を使うのが一番だ。瓦礫は市販のジオラマメテリアルを使用している

B 作品には全部で10体のフィギュアが登場する。アメリカ兵は3種類のドラゴンのプラスチックフィギュアキットからイメージに合うものを集めて使用。腕を広げている兵士や梯子を登っている兵士など数体はエポキシパテを使うことで腕などのポーズを変更している。また、救助を待つ女の子以外のフィギュアでは、頭のパーツをすべてホーネットのレジンキャストパーツに交換。同じメーカーとはいえ、キットによってモールドのバラツキがある顔だったが、交換することで統一感がでる

C 納屋の扉はミニアートのパーツを加工して一部破損した状態にしている。外周を活かし表面にプラ板を貼り付け、部分的に板が外れたように加工することで再現している。また、その上にある照明はスクラッチビルド。脇にある樽はレジンキャストパーツ

D 建物はミニアートの「ノルマンディーの交差点」(36019)を使用している。このキットはふたつの建物とベースという構成だが、そのなかから1棟を使用している

E 作品の主役的存在、ひとり倒壊した家に取り残された女の子はマスターボックスのもの。マスターボックスからは兵士だけでなく老若男女、一般市民のフィギュアを製品化しているのがありがたい

F 農業用馬車もマスターボックスのもの。レイアウトを考え始めた頃は馬に引かせ、荷物を運んでいる状態での登場を考えていたようだが、ストーリーが見え始めた頃から余分な要素を抜いていくうち、荷馬車部分のみ使用することになった。また、何気なくその脇に立つ兵士がじつに秀逸な位置に配置されている。この兵士の存在によりフィギュアの配置に粗密が生まれ、女の子の周囲だけに注目が集まりすぎることを幾分中和させ、視野をもう少し広範囲に広げる役割を果たしている

GH ダイオラマを作っていると「ここになにか小物が欲しい」と感じることは多い。どんなストラクチャーが製品化されているのか、常にチェックすることも作品をイメージに近づけることができる

ダイオラマの作り方
【応用編】

　この先は応用編となります。ここまでは基礎的な地面や建物の作り方を見てきましたが、戦車が戦う場所はもっと様々な環境があります。例えば雪原や舗装道路、あるいは川や水田のような水があるロケーションと、まさに千差万別。自分がダイオラマで表現したい風景が、それらのようなちょっと変わった場所であることも珍しくはありません。

　「普通の地面以外だと作るのが難しいかも……」と思われるかもしれませんが、現在多数発売されている各種のマテリアルを使えば、これら特殊なロケーションもそれほど苦労せずに作り上げることができます。背の高い木や水辺の作り方を組み合わせたり、舗装道路と建物をくっつけたりと、応用の仕方次第ではありとあらゆる風景を作ることが可能なのです。前述のように、昨今ではダイオラマのストラクチャーを作るための各種素材がおびただしく発売されています。それらの作り方を正しく学べば、車両をより輝かせるような状況設定ができるようになるでしょう。それこそ、ダイオラマを作ることの大きな楽しみのひとつなのです。

地面を作り分ける

基本編ではベーシックな地面の作り方を紹介しました。ここからはさらにもう一歩踏み込んで地面の状況も再現していきます

製作・文／齋藤仁孝
Modeled and described by Yoshitaka SAITO
対戦車自走砲 マーダーⅢ（7.62cm Pak36搭載型）
タミヤ 1/35 インジェクションプラスチックキット
GERMAN TANK DESTROYER MARDER Ⅲ
TAMIYA 1/35 Injection-plastic kit

▲地面が生乾きのうちにまずは車両をしっかりと押し付けて埋め込んでおく。気をつけるのは地面の乾き具合の見定め。緩いとグラグラしてなかなか位置が決まらず、固いとうまく車両が埋まらない

ダイオラマの題材となる戦場は、北極圏の雪原から亜熱帯のジャングルまで千差万別。それらの戦場を舞台にした作品ならば、土地ごとに異なる土壌を再現することで作品の説得力をグッと引き上げることができるでしょう。

例えば、第二次世界大戦中の東部戦線であれば、雪のロシアを舞台にした作品ということになるかもしれません。雪解けの頃ならば乾燥して車両が走りやすそうな地面よりはドロドロにぬかるんだ地面の方が、より実感のある表現と言えるかもしれません。また、オレンジ色の粘土質の地面であればベトナムのジャングルにうってつけということになるでしょう。

このような土地ごとの地面の質や色合いを再現できれば、よりダイオラマの世界観を補強することにつながります。「地面を作り分ける」というテクニックには、かなり大きな効果があるのです。　■

ぬかるんだ地面

雨上がりや雪解けでは土の地面は泥ねいへと変わります。その過酷な状況を再現することもまた、ダイオラマに変化をもたらし、雰囲気を高めるアクセントになるのです

1

▲車両を地面に押しつけたら、埋まりきっていない部分を修正しておく。戦車が横転していない場合は履帯が不自然に浮いているところが主なのだが、今回はフェンダー周りを修正した

2

▲作業工程が前後するが、地面のテクスチャーを盛りつける前にフィギュアの立ち位置に真ちゅう線を立てて、地面でうまってもわかるようにしておく

3

▲地面がまだ固まりきらないころを見計らって、位置決めの真ちゅう線を抜いてフィギュアの足から生やした真ちゅう線を差し込んで、軽く押しつけて足跡（足型）をつけておく

4

▲フィギュアを実際に配置して車両の高さが合っているか、不都合はないかを確認する。レイアウトの修正も最後のチャンス。フィギュアの配置の微調整が必要ならこの段階でやっておく

5

▲小物は地面を盛りつける前に整形と塗装を済ませておく。塗装はラッカー塗料を使う。アクリル塗料よりも塗膜が強いのでのちのクリアーで湿らせる作業で影響されにくい

6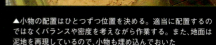

▲小物の配置はひとつずつ位置を決める。適当に配置するのではなくバランスや密度を考えながら作業する。また、地面は泥地を再現しているので、小物も埋め込んでおいた

▲車体と地面の関係、接点が少なく感じたので、両者に跨がる形で布を配置する。ティッシュに水で溶いた木工用ボンドを塗り、乾いてから溶きパテを塗って作った

▲小物は地面を盛りつける前に整形と塗装を済ませておく。塗装はラッカー塗料を使う。アクリル塗料よりも塗膜が強いのでのちのクリアーで湿らせる作業で影響されにくい

▲地面をアクリル塗料の焦げ茶色でエアブラシをする。乾燥後アクリル溶剤で溶いたピグメントを塗る。ピグメントは車体のウェザリングで使った色と同じ色を使う

▲地面の下地塗装ができたら、スタティックグラスを使って草を植える。木工ボンドを任意の場所に塗り、指でつまんだスタティックグラスを軽く押しつけながら植えていく

▲地面を仕上げる。草にハンブロールのNo.83マットオーカーでドライブラシをしてから、アクリル塗料のクリヤーを塗って、水溜まりを再現した。地面が泥らしくなった

▲じっくりと作品を眺めてみると、足した方がよいと思う小物が見えてきた。ヴィネットの完成度を上げるためには、やはり製作途中の作品を眺める時間も必要だ

▲地面の塗装が完了したらベース枠のマスキングテープを剥がす。マスキングテープは乱暴に剥がすとニスが剥がれてテープについてきてしまうということもあるので、ゆっくりと慎重に剥がす

▲マスキングテープを剥がす際に、地面のテクスチャーがマスキングテープの上に乗って一緒に剥がれてしまった部分を修正しておく。面相筆を使いタッチアップすればよい

▲タイトルプレートには、輝きがよい真ちゅう板が適している。薄い真ちゅう板だと、切断しやすいが重厚感がないので0.5㎜厚を使用。切断にはPカッターが使える

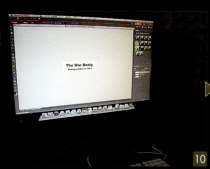

▲タイトルはパソコンで作り、透明粘着シートに印刷する。タイトルは、大きなサイズのメインタイトルとサイズの小さなサブタイトルを組み合わせるとバランスが取れてよい

▲粘着シートはそのまま貼ると気泡が入り込んでしまい、位置がずれても直せない。洗剤を混ぜた水を筆でプレートに塗ってから貼ると気泡が入らず、ずらして位置決めもできる

▲タイトルを印刷したシートは、プレートよりも少し大きく切り出しておくと、位置決めがしやすい。最後にシートのはみ出し部分を切り取って完成

▲タイトルプレートは、裏に両面テープを貼りつけてベースに取りつけるのがいちばん簡単。プレートの四隅にピンバイスで穴を開けて、真ちゅう釘で取りつける方法もある

▲プレートを取りつける位置は、ベースの立ち上げ部分の中央が基本。立ち上げの形状や、ベース上の構成物とのバランスによっては、ずらした位置に取りつけてもよい。真ちゅう釘を使うときは打ち付けるのではなく、ベースにも穴を開けてエポキシ接着剤をつけて差し込む

　ワインを拾い上げているソ連兵は薄く無精ヒゲを生やしたように塗装して、ベテランの兵隊という設定を持たせた。ワインのボトルはタミヤのチャーチルから流用している。車両の荷台に吊るされた雑のうや水筒などの小物を配置することで、車両が先ほどまで使われていた「生活感」を演出。また、垂れ下がって取りつけることで、車両の横転したという状況を強調する役割も担っている。

　立ち姿のソ連兵はまだ戦場の経験が浅く、戦闘中で戸惑いながらも、思わぬ戦利品に顔がほころぶ……といったことを意識しながら塗装している。捕虜のドイツ兵は湿った泥の上に直接座らせ、ズボンが破けたり怪我をしたりと、過酷な演出を幾重にも与え、両軍の置かれた立場の違いが一目でわかるように演出をした。

(斉藤仁孝)

アスファルトの舗装路

戦車は土の上だけを走るものではありません。場合によっては舗装路の上も走ります。現用車両ならなおさらです。となればダイオラマの作り方でも知っておきたい再現方法のひとつです

　舗装道路は、ことダイオラマ製作においては非常にわかりやすくて強い記号として機能します。各国のロードサインやペイントはそれぞれ異なるため、地面ひとつで強く国柄を感じさせることができます。つまり舗装道路は、「これはどこの国か、いつの時代か」という非常に重要な情報を、ぱっと見で伝えられるストラクチャーなのです。特に現用戦車との相性がよく、単なる土の地面よりも情報量が多いアスファルトの道路は、是非とも活用したい表現。作り方をマスターすれば、非常に強い味方になってくれます。

製作・文／竹内邦之
Modeled and described by Kuniyuki TAKEUCHI
陸上自衛隊90式戦車
タミヤ 1/35　インジェクションプラスチックキット
JGSDF TYPE 10 TANK
TAMIYA 1/35 Injection-plastic kit

▲戦場で戦車を目立たなくする迷彩と可能な限り目立つ用に塗装される道路標識、この色味のコントラストが情景をさらにおもしろくする

▲スタイロフォームでおおよその地形のベースを作る。用水路は5mmのスチレンボードで製作しこの時点で組み込んでおく

▲スタイロフォームのベースの地形に合わせ2.5mmのベニヤ板をカッターで切り出し、木枠を作る。表面はスチレンボードで整えておく

▲コルクボードを使ってアスファルトを再現する。コルクボードは路面の追従性がよく、少々荒れた凸凹な面にもよく馴染む

▲コルクを塗装し、ベースに木工用ボンドで貼り付ける。カラーは缶スプレーのジャーマングレーとフラットブラック、サーフェイサー

▲木枠にニスを塗る。使用するのは水性のウォールナット。塗って乾かしてサンディングしてまた塗る、を3回～4回繰り返す

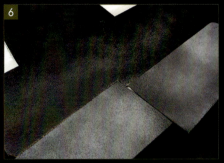

▲サーフェイサーは全体に吹くのではなく、色のアクセントに使った。道路の継ぎ接ぎも色みの差で強調した

▲センターラインなど路面のサインを描くためマスキングをする。路面にヘアスプレーを軽く吹いておくと後の工程で剥がれたペイントが再現しやすい

▲路面の文字やセンターライン、横断歩道をホワイトでエアブラシ。ステンシルは吹きこぼれしないようにしっかり密着させる

▲「止まれ」の文字はパソコンで製作したロゴを切り抜きステンシルを自作した

Essential knowledge and skills of creating military model diorama.

▲横断歩道はラインがキレイに出るマスキングテープをそのまま使う。マスキングする際は間隔が一定になるように注意する

▲マスキングを外すとこんな感じ。塗装したての道路ならこれでもOKだろう

▲路面にセメントの粉を塗り付けエイジングする。コルクの目にセメントが入り込みリアルに仕上がった

▲今回は田舎の使い込まれた道路を再現するために文字やラインをアルコールを使い、毛先をカットした筆で剥がしていった

平時に日本では、駐屯地付近や特別なイベント以外では生で戦車を目にすることは少ないかと思います、故に日本の風景の中に戦車という違和感は情景の題材としておもしろいのです。作品はあくまで架空の設定ですが日本の田舎道に90式戦車が現れるという情景を製作しました。舞台は田舎の十字路、普段は交通量が少ないのでしょう。手前には田舎でよく目にするバス待合所があり、その向かいには青々とした稲が育っています。そんなのどかな田園風景に突然90式戦車が疾走、バスを待っていた女子高生も思わず身を乗り出して戦車の方を見ています。そんな「if」が再現できるのもダイオラマの醍醐味のひとつと言えるでしょう。　　　　（竹内邦之）

日本的な片田舎風景のアイテムを作る

見たこともない海外の道より、資料に困らない日本の風景(都市部ではなく少し郊外)の方が再現しやすいかも？ 日本の風景に効果的な要素の製作方法を紹介します

田んぼ

▲塗装用の刷毛を分解して明るめのグリーンで塗装し、田んぼの稲を作る。仕上げにはクリアーイエロー、クリアーグリーンでツヤを加えた

▲配置するスペースの大きさにカットしたコルクボードに稲を貼りつける。あえて手でバラバラの方向に荒らしておくと自然に見える

▲田んぼの稲が完成。密度が高すぎる気がしたので、いくつか抜き差しして調整し、自然に見えるようにした

ガードレール・標識など

▲ガードレールはモンモデルのものを使用。日本のものに形状にあわせて山部分を少し平らにした。先端部分も形状を合わせて銅板で自作

▲グラフィックソフトを使い標識をケント紙に印刷して作った。カラフルでいいアイキャッチになる

▲切り抜いたあと、ウェザリングに備えてラッカーのクリアーでコーティングする。少しだがこれで紙にも強度が付く

バス待合所

▲バス待合所を作る。ひご材とプラの波板材で製作する。ひご材も色々なサイズを用意した

▲バス待合所はまず工作用紙で試作をし、ベースとのバランスを考慮し骨組みを作った

▲茶で塗装し骨組み完成。組み上げはホットボンドを使うと時間短縮でき、頑丈に組み上げることができる

▲プラの波板材を塗装後骨組みに貼り付ける。色は日本でよく見かけるブルーのトタン板風。内側はライトグレーにするとリアル

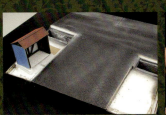
▲完成したものを配置して、再度サイズや位置などを確認する

▲エイジングを施し、グラフィックソフトで製作したローン会社の看板などをそれらしく貼り付ける。こういった作業はじつに楽しい

▲小屋内にベンチなどをな設置し完成。黄色いビールケースはマソモデルのものを使用

降り積もった雪

　雪の再現は、実のところそれほど難しくありません。なにより「白いものが地面に撒かれていれば、基本的に雪にしか見えない」という気楽さがある題材です。

　しかし、それなりに深みのある表現も可能です。慣れてくれば雪が降り始めたばかりの新雪で冬の初め頃の空気感を演出したり、戦車が冬季迷彩を剥がしかけている状態と溶けかけた雪を組み合わせて春先の雰囲気を表現したりと、情報をたくさん乗せることもできるのです。前述のようにさほど難しい題材ではないので最初にトライするもよし、慣れてきたら「どんな表現ができるだろう」と考えるのも楽しいのが雪の風景なのです。

製作・文／住友たかひろ
Modeled and described by Takahiro SUMITOMO
ソ連 RF-8-Gaz-98 プロペラソリ（フィギュア2体付き）
ビジョンモデルズ 1/35　インジェクションプラスチックキット
RF-8-Gaz-98 Aerosled
Visionmodels 1/35 Injection-plastic kit

土は色や乾き具合によって場所が表現しやすくなります。ここで紹介する雪は季節、時期を表すことができるようになります。質感こそしっかり出したいところですが、作業自体は簡単なので挑戦しやすいのも特徴です

雪の再現にはモーリンの「スノーパウダーシリーズ」粉雪・新雪・市街地の雪を使った。シリーズ中でも粉雪はかなり使える素材だ
A 粉雪と水、マットメディウムを混ぜたもの。水で溶くことでシャーベット状の雪が表現できる
B 粉雪とジェルメディウムでエッジがたった「ガサッ」とした雪の再現ができる
C は雪というより、土台。石粉粘土（ホームスパンクレイ）を使うことで、表面の起伏をつけておき雪を盛る。この方法ならパウダーも節約できる

| A | B | C |

▲作業はまずウッドフォルモでおおまかな土台を作り、ソリの幅にあわせてマスキングテープを貼り、テープには乗せないように石粉粘土を盛っていく

▲石粉粘土の乾燥後にテープを剥がし、車体(機体)を接着してから、モーリンの雪の素材を盛っていった。車体の固定に使ったのはシリコン系接着剤でベースに直接接着した

1 足周りにこびり付いた雪はマットメディウムにモーリンのスノーパウダー(粉雪)を混ぜてペースト状にして塗りつけた。マットメディウムの代わりにジェルメディウムを使うと、濡れた表現も可能
2 後ろから少しだけしか見えないエンジン部分も、見えないのがもったいないぐらいできている。サイドパネルを開けてエンジンを見せるのもいいかもしれない
3 車内はウッドブラウンで塗装。機銃のレール、サスペンションアームなどの一部パーツは非常に繊細でとても細く折れやすいので注意。……そういえば車両キットは2台入っているが、パーツを紛失しても「もうひとつ入れときました」ということなのだろうか?
4 5 ミニアートの着膨れしている感じが表現されたフィギュア2体は、ヘッドギア部分のモールドが埋まっていたのでデザインナイフで掘り起こしている。塗装はアクリル塗料(ライフカラー)を使用。ライフカラーは完全ツヤ消しなので、とくに服の塗装にはもってこいの塗料だ

樹木を作る

野外を駆ける戦車を題材にしたダイオラマで欠かせない要素のひとつが植物です。特に樹木は様々な場面で有用。ぜひ作り方を知っておこう

戦車は基本的に野外、それも自然のある場所を走ることが多い兵器。だから、草や樹木のような植物とは切っても切れない題材です。ある意味で、樹木はダイオラマ作りにおいてはもっともありふれた脇役と言えるでしょう。

しかし、木は意外とダイオラマの見せ場になる存在でもあります。工業製品であり直線的なデザインの戦車と、自然物であり曲線の多い木との対比は人目をひくものですし、戦車の持つソリッドな感じを引き立たせてくれる存在と言えます。戦車という兵器の禍々しさや、日常から離れた異物感を感じさせてくれるものなのです。

ただし、植物は我々が普段よく目にするものでもあります。そのため適当な工作だとそれだけで違和感を感じてしまうもの。自然な樹木を作るためには、実物の形を再現するための細かいコツと対象物をよく観察することがなにより重要なのです。■

製作・文／齋藤仁孝
Modeled and described by Yoshitaka SAITO
ヤークトパンサーAusf.G1（初期型）
ドラゴン 1/35　インジェクションプラスチックキット
Jagdpanther Ausf.G1 Early Production
DRAGON 1/35 Injection-plastic kit

生木を使って木を作る

自然に生えているものは、ある程度の不規則さ故に違和感なく感じられ、均等に揃っているなど規則的な形状にすると違和感が出てしまいます。天然素材ならそのようなことになりにくいのです

生木を使った製作方法を紹介します。木を作る作業の注意点は、大きさと高さ、葉のボリュームをどのぐらいにするかなど最初に決めておくことです。数本作るということならば、組み合わせが可能なので、あまり気にしなくても構いませんが、紹介するような一本の作品では特に大切です。また、地面を作っている段階でどこに木を植えるか決めておき、ベース側に穴を開けておきますが、接着はせず別々で製作した方が作業効率はよくなります。

1 ▲木は針金をこよって幹を作る方法もあるが、ここでは天然の素材、本物の木の枝を幹にみたてて製作する方法を紹介する

2 ▲気に入った形がない場合枝ぶりを剪定して、理想の形に近づける。幹の部分は最後までその木の印象を決めるので、イメージにあった枝探しもポイント

3 ▲枝は木の根を使う方法がいちばんそれらしく作れる。接着にはゼリー状の瞬間接着剤を使うと流れ出さず作業しやすいのでおすすめだ

4 ▲幹、枝と作り終わり完成した状態。時折遠目から見ておかしいところがないか、不自然な部分がないか確認する

5 ▲枝の先にはオランダドライフラワーで再現する。まずはオランダドライフラワーを適度な大きさに切り出しておく

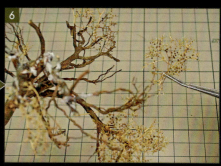

6 ▲最初は枝から生えているように一本ずつ接着する。最終的な枝ぶりの印象を決める作業なので、どこにボリュームを持たせるかなど、考えながら作業すると良い

7 ▲写真の状態になるまでは一本ずつ接着するが、葉にボリュームがほしい場合はオランダドライフラワーを絡める様に足していく

8 ▲枝ができたら、色を統一するために塗装する。着色にはタミヤアクリルのフラットアースとフラットブラックを混ぜて作った色を使っている

9 ▲塗料が乾いたら、葉を付けたい部分にスプレーのりを吹きつける。のりが乾いてしまうため一度に全体に吹くのではなく、部分的に作業を進めると上手くいく

Essential knowledge and skills of creating military model diorama.

▲葉は乾燥パセリをまぶして再現していく。葉の材料はダイオラママテリアルがたくさん製品化されているので、作りたい木のイメージにあわせて選ぶのもよいだろう

▲完成。木の葉は草で使った色と同じか、近しい色にすると、ダイオラマ全体があまり暴れた印象とならずに済む。また草も同様だが着色は「塗りつぶす」のではなくムラにするのがコツ

▲戦車を置くことが前提となっているので、中心部分の四角空間は「見えないのでやらなかった」だけ。情景のイメージとしては10月ぐらいをイメージした

天然の素材入手での注意！

マナーは大切です。使えそうな枝ぶりだからといって生きている自然を破壊することはやめましょう。それに、生のままは模型に適しているとは言えません。自然に折れて、落ちて枯れている（乾燥している）状態でないと使いづらいのです。また、カビが出ることもありますので一度煮沸すれば万全です

▲ダイオラマの素材はなにも模型店だけにしかないのではない。枝や苔類など落ちている生の素材も良い材料になる

▲すでに折れて落ちているものを拾うならよいが、生えているものを折ったりするのはダメ！

▲ダイオラマでもっとも使えるのは木の根の部分。だからと言って生きている木を抜いたりするのはやめよう

枝ぶりでさまざまな表現ができる

枝ぶりひとつ、木の作り方ひとつで戦区や地方、季節を表現することができるアイテムなのです。ヤシの木やサボテンは、まぁ、わかりやすいので別として、たとえば幹が細くあまり高くないところでひょろりと広がっているオリーブなら、イタリア戦線や、スッと高く伸びた針葉樹などなど、ダイオラマ製作の資料として観光ガイドでその土地、地方の特徴となる木を観察することもよいでしょう。

▶白樺も枝ぶり、塗装によって再現できる。白樺をダイオラマに登場させていることでより白ロシアらしさが強調できる

▲瞬間接着剤が着きづらいようなら、硬化促進剤を使うと作業しやすい

天然の素材を使う時の注意点

木の葉に乾燥パセリなど自然のもの（着色がされていないもの）を使用すると、「色あせ」を起こす危険があります。塗装で再現しておく方がよいでしょう。着色作業では、エナメル塗料をエアブラシするとよいでしょう

▶天然の素材は色落ちを起こす場合が多い。写真は食用の乾燥パセリを葉に見立てて製作したものだが、見事に色が抜けている

記号的表現から偶然性を考えた表現方法へ

草や木の表現は、記号で表現されてきました。地面にスタティックグラスが撒かれていればそれは草。木の枝のさきにライケンを付けて、パセリをまぶせばそれは木の葉……といった具合です。しかしそれらの方法では、細部までキッチリ再現された最新の車両キットの解像度の高さに付いてこれず、グラウンドワーク自体の解像度を上げた、新しい製作法でないとバランスのとれたダイオラマ作品には仕上がりません。

しかし最新のマテリアルさえ使用していれば新しい草木の表現法になるのか？　といえばそうではありません。作業においての考え方や注意点は、最新の草木マテリアルを使おうが使うまいが関係はないのです。手法的なことよりもむしろ「いかに実物の草木のようになるか？」がより大切になったといえるでしょう。

実物の草木は偶然や必然がまじり合い、"たまたま"その形を成しています。それをいかに意図的に再現するか？　という意識を高めることこそが最新キットに負けない草木を作る大きなポイントといえます。

自然な草木を作るため、ときに人は"適当に作業する"ことがあります。人間は考えて行動すると、どうしてもその行動に法則性が生じてしまい結果、均等に並んだ不自然な草木ができあがってしまうことが往々にしてあります。この"適当法"は偶然のみに頼り切り、自然な表現を生み出すには有効な手段です。つまり実物の"たまたま"を、模型で"たまたま"再現してしまおうという算段です。

（斉藤仁孝）

白樺を再現する

地面の色と同様に木の種類を再現することで、ある程度生植地が限定させることができるようになります。なかでもわかりやすいのは白樺でしょう。その再現方法を紹介します

漠然と「木」というだけではなく、樹木の種類まで限定して再現できると、一気に表現の幅が広がります。単純に杉と松を比較しても、その枝ぶりは大きく異なります。当然ながら木は土地や気候によって生えているものが異なるため、特定の種類の樹木をうまく再現できれば「このダイオラマはこのエリアを題材にしています」という情報量がぐっと増えるのです。

特にその中でも、白樺はわかりやすい種類の木です。よく道路脇や公園にも植えられているので見慣れており、色合い的にもアクセントになる白樺は、ダイオラマに添えるのに最適なものと言えるでしょう。

製作・文／松嶋 聡
Modeled and described by Satosi MATUSHIMA
ソビエト BA-10 装甲車
ホビーボス 1/35　インジェクションプラスチックキット
BA-10
HOBYY-BOSS 1/35 Injection-plastic kit

1	2	3
	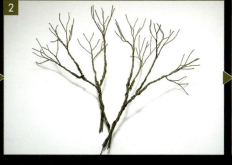	
▲造花用の紙巻き針金を4～5本束ねてふたつ折りにし途中の部分をよじる。細いものを先の枝用、太いものを途中の枝用とする	▲輪になった部分を切断し、二本ずつよじり枝の形を作る。太い針金で作った枝の先に細い針金で作った枝をよじってつなぎ合わせる	▲造花用の紙テープを巻いて各枝を固定する。同時にテープの巻き加減により幹の太さを調節する

4	5	6

▲カスミ草のブリザーブドフラワーの先端の花を切り取り、小枝を切り離す	▲カスミ草の小枝を針金で作った枝の先端に接着。針金側にアクアリンカーを付け、カスミ草側に瞬間接着剤を付けると、アクアリンカーの水分と反応してすばやく固まる	▲スタイロフォームで作ったベースに木を固定し、セメダイン木工パテ（水性）を塗ってテクスチャーを付ける

7	8

▲園芸用の土、飛鳥土（工芸盆栽用、手芸店で入手）などを撒き、AKインタラクティブのGRAVEL AND SAND FIXERで固定する。この定着液は非常に浸透性が高く、乾燥も早い	▲全体をタミヤアクリルのフラットアースでエアブラシした後、岩と白樺の幹をファレホアクリルのダークマッド、ライトマッド、ホワイトで筆塗りする

9	10

▲各種草の素、ライケンやスポンジ、木片等を地面にまき、AKインタラクティブの定着液で固定する	▲ふたたびタミヤアクリルのフラットアースを薄めにエアブラシした後、キムタオルを彫刻刀の丸刀で切り出して作った落ち葉を撒いた

Essential knowledge and skills of creating military model diorama.

秋の森を作る

草木で表現できるのはその土地の雰囲気だけではありません。とても有効な題材に、季節感の表現があります。新緑の頃であれば春先、大きく葉が茂って入れば夏場、樹木から葉が落ちて入れば冬と、春夏秋冬の季節感を表すのに、樹木は大きな助けとなってくれます。さらに周囲のフィギュアの服装なども組み合わせれば、ダイオラマにまたひとつ大きな情報を上乗せすることができます。

ここでは、特に効果が大きい紅葉した秋の樹木の作り方を解説します。通常の葉と表情が異なる姿は、ダイオラマ内において大きなアクセントとなるでしょう。

日照時間の多い夏には青々とした葉を蓄え、秋には紅葉し冬には葉が落ちる。特定の地域を除きますが、草木の仕上げ方によって季節を表現することもできる例をご覧いただきます

製作・文／すこっつぐれい
Modeled and described by SUKOTTUGUREI
"ご飯ですよ！"ドイツ軍対戦車砲要員 & w/3.7cm PaK 35/36対戦車砲
ドラゴン 1/35　インジェクションプラスチックキット
"Chow Time " German Anti-Tank Crew
DRAGON 1/35 Injection-plastic kit

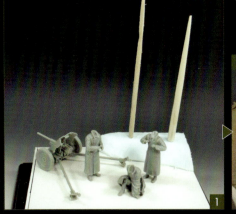

▲仮り組みを終えたフィギュアなどを配置し、構成を行なう。スタイロフォームで基礎を作り木立や土手をレイアウトする

▲地面の基礎は「タミヤ情景テクスチャーペイント、土ダークアース」を使用。ペインティングナイフでまんべんなく塗りつける。爪楊枝は木立を配置する場所の目印

▲そのままでは均質でおもしろみがないので、小石を全体に撒き荒れ地を再現する。小石は飲み終えた「コーヒー豆」を乾燥させたもの。さらに鉄道模型用の小石も少々加えている

▲コーヒー豆が地面のうえで浮いた状態になると不自然なので、水をたっぷり含ませた筆で全体を均す。コーヒー豆を半分程度沈める感じにするとよい

▲乾燥後水性アクリルのセラムコートで筆塗り塗装。バーントアンバーで基本塗装した後、ブラックでウォッシング。ヒポグレイとアイボリーでドライブラシして調子を付けた

▲マテリアルを追加し、さらに表情を付ける。腐葉土に見える部分は「紅茶の出がらし」コーヒー豆と同じく身近な物で安価に効果的な表現ができるので楽しい

▲木立作成の素材はアートフラワーのワイヤーを使用する。コンパクトなダイオラマの場合、枝振りを調節できるのでレイアウトがしやすい

▲木立は上から見ると枝振りが円形に近いのだが、今回は後側にスペースがないので左右と手前に枝を配置した。また二本の木の枝のシルエットがかぶらないようにしている

▲下地処理をしたところ。根は木工用エポキシパテで再現している

▲オランダドライフラワーで枝の先を表現する

▲塗装は下地にMr.カラーのレッドブラウンを塗装、セラムコートでロシアのアイコン、白樺の樹皮風に筆塗り塗装した

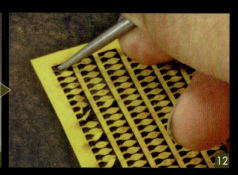

▲葉は紙創りの「落ち葉、雑木」を使用。白樺の葉とは形が違うが最初から黄葉色に塗装されていて手間がなくて便利だ。ただ、色が単調になるのでスポット的に塗装した

▲葉は木工用ボンドで接着、ほぼ1シート使用した。根気は必要だがそれに見合った達成感がある。これで 黄葉した白樺の完成

▲さらに情報を足して複雑な風景にするため紙創りの「枯葉・雑木」「落葉・雑木」「アイビー」「雑草」「シダ1」を使用した

▲シダをMr.カラーでエアブラシ塗装、単調さをさけるため複数の色を塗り重ねる

▲紙創りのマテリアル以外にも、さまざまなマテリアルを付け加えることによりさらなる奥深さを演出する。写真は観葉植物の植え替えの時に切ったヒゲ根を乾燥させたもの。ほぐして塗装したら枯れ枝や根の演出ができる。樹木はワイヤーで自作したが天然の素材ももちろん効果的なマテリアルだ

▲これも世界的に定番の枯れ葉の代替品、白樺の種のサヤをほぐしたもの。私の住む関西では採取できないので、もっぱらJoeFixの製品を購入している

▲すべてを配置した俯瞰図。固定は木工用ボンドを主に使用。それぞれの素材をむらなく配置するのではなく、「粗密」を付けることでおもしろい表情がでる

▲シダは世界中に分布しているのでどのような場面でも使うことができる。このままでは平面で実感がないのでゴムの厚板の上で彫刻用スパチュラでアールを付け使用する

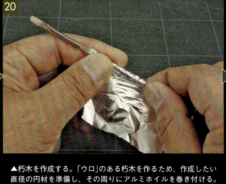
▲朽木を作成する。「ウロ」のある朽木を作るため、作成したい直径の円材を準備し、その周りにアルミホイルを巻き付ける。今回は面相筆で作業を行なった

▲アルミホイル周辺に木工用エポキシパテを巻き付ける。硬化する前に彫刻用スパチュラでテクスチャを付ける

▲10分ほどで硬化するので、芯の円材を抜く。アルミホイルを巻いているので簡単に抜き取ることが出来る。続いてアルミホイルも抜き取る。中に残る場合も多いが塗装でごまかせるので完全に取り去る必要は無い

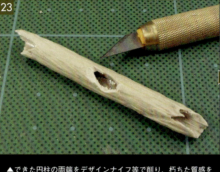
▲できた円柱の両端をデザインナイフ等で削り、朽ちた質感を付ける。さらにパテで樹皮を、つまようじで枝を表現してもおもしろい。同時に中央部分に穴を開けたりすると変化が出る

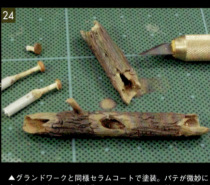
▲グランドワークと同様セラムコートで塗装。パテが微妙に余ったのでキノコの傘も作ってみた。キノコの軸はのばしランナーで再現

水を再現する

小さな水溜りや池、はたまたバケツに入った水でも充分です作品に水を加えて見ましょう。質感の違いやツヤなど最高アクセントになるのです

　波立った水面の表現は、どちらかというと艦船模型のジャンルで多く見られるものです。しかし、うまく取り入れればこの90式戦車のダイオラマのように車両の躍動感も表現することができるのです。いささかエキセントリックなやり方ではありますが、動きを見せるという点ではとても効果的な手法です。

　それだけではなく、ダイオラマに水面が存在すると地面だけの作品に比べて大きな変化をつけることができます。例えばジャングルなどを題材とした作品ではより自然を感じさせることができますし、単純に質感の異なるものがベース上に配置されていると見た目にも賑やかです。つまり、「水を作ることができる」というのは、ダイオラマの上での表現の幅を大きく広げるテクニックなのです。一見すると難しそうに見えますが、ぜひトライしてみてほしい題材です。■

製作・文／田中良彦
Modeled and described by Yoshihiko TANAKA
陸上自衛隊 90式戦車
タミヤ 1/35　インジェクションプラスチックキット
JGSDF TYPE 90 TANK
TAMIYA 1/35 Injection-plastic kit

90式はタミヤのキットにライオンロアのエッチングパーツやラウペンモデルの履帯を使用。白樺の葉は着色したトレーシングペーパーを専用パンチで抜き、1枚ずつ貼り付けている。くま笹は実物の写真を1/35に縮小コピーし、スパチュラで葉脈を描いて針金に固定して再現

肉眼では捉えきれない波しぶきの再現を試みる

　最初に水の表現で衝撃を覚えたのは海外のCGアニメーション映画の氷を切るシーンでした。いままでのアニメの表現とまったく異なる水そのものを高速ビデオで撮影したような、まさに水の塊を反射光で表現しようとしている実写かと思えるような世界でした。昨年10月、北斎の神奈川沖浪裏の特集がテレビで放送され、その中でシャッタスピードを1／5000秒まで速めて撮影した映像がまさに北斎が描こうとした波の先端の形に近いものでした。しかし人の目が見えるのはせいぜい1／50から1／20秒までで1／5000秒を捉えることはできないそうです。こういった情報に接しているうちに、水の動きを表現する時には、どういった時間軸で水を表現したいのかという意識を持つかどうかで、結果がまったく異なってくる事が理解できました。

　資料として2年ほど前にフランクフルトの街角の水たまりの前でスローモードで撮影した車が走り抜けるシーンを何度も見てイメージを固めました。水たまりの深さと車のスピードで水しぶきはまったく異なるため水たまりを通り抜ける形が車高と同じくらいの画像を選び観察しました。前輪が最初に水たまりに突入して小さな飛沫が逆円錐形に拡がり、前方に大きな弧を描くのは川に飛び込む90式のイメージと同じですが、川ではなく水たまりのため、しぶきははるかに細かくふんわり浮かび上がります。それに対して前輪真横から後方にかけてタイヤの溝が回転に合わせて水を跳ね上げるため、あたかも周期的に大粒の噴水が上がっているように見えます。しかもその先端は走り去る車が運ぶ空気に吸い寄せられるように運ばれ、その先端が大きな弧を描いて後方に拡がります。静止画では一本の水柱にみえる噴水も、動画で見ると跳ね上がっている水と落ちてくる水が両方重なってダイナミックな生き物のような動きをします。過去の作品でも使ったテクニックですが、ひとつの時間だけでなく人が作品を見るときに見る順序に合わせた複数の動きを選びます。履帯前方は最初に跳ね上げた河川の水がダイナミックに跳ね上がった様子。戦車前部下方は履帯に遅れて跳ね上がるしぶき。周囲には押し拡げられて発生する川面のうねりを再現車両両側の川岸には打ち寄せ巻き上がる様子をそれぞれ表現することにします。こうした複数の時間で切り取った水しぶきの動きを同時に見せる事で動きを感じてもらえばと願っています。

具体化する際の注意点

　表現する工法や素材は先輩達のアドバイスや自分の経験で次のように考えています。

・シリコン系の素材は重く経年劣化で自重で形状が崩れる可能性がある。

・エポキシ接着剤は紫外線で黄変が早い。

・アクリルメディウム系の素材が若干収縮はするが経年劣化で黄変は少ない。

・水しぶきの骨格は、PE板を組み合わせて作り、平坦に立ち上がる水面を表現し、しぶきは、0.2㎜から5㎜位の大きさの異なる透明微小球体（ガラスビーズ）の組み合わせで表現する。

・前輪前、側面、後方、水面という部位ごとにもっとも動きが現れる時間を選び組み合わせる。

　最初はメディウムの選定に時間がかかりましたが、今はKATOから最初から透明なアクリル系メディウムが発売されたためこれを使って水しぶきを再現しています。波を木型で作ってPEやアクリル板をヒートプレスで成形してというアイデアもありましたが、あくまで手軽にということでペットボトルやサラダの透明容器を組み合わせて骨格にし、これにメディウムとガラス玉で水しぶきを作っていきます。大まかな動きを把握してイメージを具体化するため、スケッチっぽいものを描きいくつかのパーツに分け、そのパーツに合わせて素材を探します。今回は前面より横に広がる水しぶきのため前輪が前にはねあげる曲面にはケーキのカップ状の部分を、など想定しながらの調達です。実際に素材をカットする前にスケッチに合わせて紙をちぎって立体的な形状を確認します。その形状に合う素材を探して現物合わせをしてカットしていきました。前面の水しぶきは2ℓのペットボトルの肩の部分を斜めにカットして使用、横から後方に弾けるしぶきはサラダケースをカットして組み合わせて表現することにしました。　　　（田中良彦）

波の基礎はペットボトル!?

滑らかな曲線を描く波しぶき、じつはペットボトルや食品の空容器でできています。1から透明樹脂などで作ろうとすると案外苦労してしまう形状。今回の場面のような左右対称の形が必要なときには適した素材と言えます。軽量に仕上げられるということも利点のひとつです

波のゆらめきや"つなぎ"はメディウムで

ペットボトルや透明の容器だけでは、さすがに水しぶきには見えません。水ならではのゆらぎや丸み、ボリューム、さらに波の先端のディテールを再現するためにKATOの「大波小波」を使用します

しぶきは球状のグラスビーズを利用

水は球体になる性質があります。これを再現するのに便利なのがグラスビーズで、さまざまな径のものが売られています。これをKATOの「大波小波」と混ぜて使用します

Essential knowledge and skills of creating military model diorama.

作業する前に見ておきたい水の特性

最初に1/5000の世界で起こっている事を理解します。今回北斎に習って1/5000の水しぶきに挑戦するのですが、人の目で見えない世界ですから、まず何がおきているか少しでも見る努力をするところからはじめました。そのために、高速シャッターで撮影した画像やビデオをテレビやネットで探し続けました。自分でもスマホのスロー機能で雨の中、水たまりを走り抜ける車の水しぶきを撮影して再生し、さらにもう一度スローモードで撮影して得られるコマ送りの画像を何度も観察しました

▲北斎の神奈川沖浪裏や人間の目では見ることが出来ない波の水しぶきの一瞬を捉えた写真を参考にイメージや構想を練る

▲ベースをスタイロフォームなどを組み合わせて製作。側面はタミヤのテクスチャーペイント、地面部分はコルク粘土を盛り付けアクリルガッシュで塗装している

▲ペットボトル(以降PE)の曲面を利用して立ち上がる水しぶきの骨格を作る。どの部分を使うか試行錯誤しながら切り出していく。多少の段差はメディウムで埋められる

▲PE素材を任意の形に固定する。乾くまでしばらく洗濯ばさみなどで固定。PE素材の固定には合成ゴム系のGクリアーを使っている

▲水しぶきの準備をしていこう。「大波小波」は薄く延ばしてシート状にしておき、表面にシワをつけたりして使うこともできるので下準備のペーパーマットを用意しておく

▲ペーパーマットの上に薄く大波小波を伸ばし爪楊枝で表面に波の流れに沿った流れを付ける。これを半日乾かすとキレイに剥がすことができる

▲精製水で若干薄めた「大波小波」でPE素材に貼り付ける。これを繰り返しPE素材の周囲にしぶきがはじけた表現の基礎を作っていく

▲すべてのPE素材の周囲に張り終えたら、貼り付けたシートの周囲に1mm経のガラスビーズを「大波小波」と混ぜてエッジに乗せるようにかぶせていく

▲とくに上に立ち上がる水しぶきの先端は、少しずつガラスビーズをのせて乾いては乗せてを繰り返し、北斎の神奈川沖浪裏をイメージして飛沫の先端を伸ばしていく

▲PE素材の平坦部に波紋をつけるために精製水で薄めた「大波小波」を筆で水の流れに従って模様を描き込む

完成!

置かれた状況を車両にも反映させる

この作品の注目すべき点は水しぶきだけでなく、車両の演出にもあります。車体が水に濡れた表現や水気の多い場所を走破してきたことを感じさせるウェザリング。さらに、ハッチのチェーンは車体の動きに合わさるように浮き上がった状態に。躍動感を伝える車両の細かな演出もこの作品の見どころです

様々な水の様子を作る

元はこの作品のように動きをも表現することもできる水ですが、あれは少し特別な例。ここからは水を再現するための専用マテリアルを使い、様々な水面の様子を再現する方法を解説します

水にも様々な状態があります。その水が流れているのか、それとも淀んでいるのか。流れているとして、その流れの勢いはどの程度のものなのか。そもそも地面の水たまり程度のものなのか、それとも川べりから見えている水面なのか、さらにはもっと大きな海なのか……。単純に水面を作ると言っても、その表情は千差万別。スケール感や波の立ち方もそれぞれ異なるので、そこを加減するのが腕の見せ所です。

幸い、近年では水面を再現するための各種樹脂製マテリアルが色々と発売されています。ここではそれらを用いて、色々な水面の作り方を見ていきましょう。

KATOのウォーターシステムとは!?

今回主に使用したウォーターシステムのマテリアルを紹介！ウォーステップに合わせてそれぞれの役割があってとても分かりやすい。まずは主となるディープウォーターセットで水を表現し、他のマテリアルでそのレジン層に色味などの演出を加えるといった方法だ

ディープウォータークリア
ディープウォーターマーキー（濁り水）
各セット税別3200円

■さざ波　　■大波小波

ディープウォータークリア、マーキー（濁り水）はA,B液がセットとなって販売中。アーキ（濁り水）は色味が最初から付いていて、混ぜると文字通り濁った色となる。
「さざ波」と「大波小波」はディープウォーターの上から水面の表情を付けることができるジェル状のマテリアル。硬化前から透明で、乾燥後の状態がわかりやすい

■水底カラー 118ml

ディープブルー
ネイビーブルー
ダークグリーン
モスグリーン
ダークオリーブ
ライトブラウン

▲水表現の最下層に塗装される「水底カラー」。水性で匂いも少ない。現在のカラーは6種類。画像のようにもちろん塗り重ねて複雑な色味も再現できる

24-358	24-359	24-360	24-361	24-362	24-363
ディープブルー	ネイビーブルー	ダークグリーン	モスグリーン	ダークオリーブ	ライトブラウン

■波音カラー 59ml

ネイビーブルー
ターコイズ
モスグリーン
セージグリーン
ダークオリーブ
ライトブラウン
ブラウン

ディープウォーターセット着色専用の「波音カラー」。こちらも水性塗料で現在発売されているのは7色。数滴で発色して、少しスモークがかった色がされるのが特長。キレイな深度が再現される

24-350	24-351	24-352	24-353	24-354	24-355	24-356
ネイビーブルー	ターコイズ	モスグリーン	セージグリーン	ダークオリーブ	ライトブラウン	ブラウン

泥水 ❶

まずははじめから着色された「ディープウォーターマーキー」を使って泥水を再現してみましょう

▲ディープウォーターマーキーの主剤と硬化剤を混ぜた状態。さらに着色したい場合は波音カラーを追加して調整する

▲グランドワークの凹み部分を中心に少量ずつ注いでいく

▲ある程度注いだら、水たまりの際をゴム製の筆やつまようじなどで均して水たまりの輪郭を決めていく

▲目立つ気泡は硬化前に取り除いておきましょう。24時間以上、硬化時間をおいて完成

完成！

泥水 ❷

着色した樹脂とクリアな樹脂で奥行きのある水たまりを再現してみます

▲下の層は「ディープウォーターマーキー」に「波音カラー」でさらに着色したものを混ぜる

▲注ぐ量は少量にしておき、次に注ぐ分を考慮しておき、水たまりの輪郭もしっかり地面に馴染ませておく

▲6時間後、「ディープウォーターマーキー」のクリアーで2層目を流し込み、際を馴染ませて硬化させる

▲完成した水たまりの断面を見ると、着色した部分とクリアーな部分の層に分かれているのが確認できる

完成！

泥水 ❸

車両や兵士が通った直後の、濁った水たまりを再現してみましょう

▲ディープウォーターマーキーに波音カラーでさらに着色する。作例は30mlで「波音カラー」を2滴程度加えている

▲地面の轍に着色したディープウォーターマーキーを少しずつ流し込んでいく

▲轍の大きさや水たまりの規模によって流し込むディープウォーターマーキーの量を調節する

▲轍の端や小さな足跡などにもディープウォーターマーキーが行き渡るように、爪楊枝などで調節

完成!

海面

深さのある海などは樹脂ではなく、「水底カラー」と「大波小波」や「さざ波」で再現します

▲粘土やスタイロフォームで波を形作り、水底カラーを塗る。水底カラーの色味で深さを表現したり、池や川など場所を決める

▲水底カラーは濃い色だが、塗りムラがないよう乾燥後2回ほど塗り重ねておく

▲水の質感を出すために、「大波小波」を使用する

▲木などのヘラを使ってペタペタと水面を叩くようにすると、細かな波の凹凸が再現できる。1日乾燥させて完成

完成!

川

川も海と同じく、3層に分けて「ディープウォーター」を着色して流し込み、深みを再現します

▲1層目はディープウォーターマーキー30mlに2適の「波音カラー」を添加して撹拌し、全体の1/3ほどの深さまで流し込む

▲6時間後に2層目を流し込みますが、落ち葉などをあいだに入れると完成後に深みが増して見えるようになる

▲2層目の注入から6時間後、着色していないクリアーなディープウォーターマーキーを流し込み、1日乾燥させる

▲最後に「さざ波」で水面のゆらぎを再現して完成。川の流れに沿って縦に切れ込みを入れるようにすると流れが付けられる

完成！

小物・アクセサリーのちょっとした水表現

車両の傍のアクセサリーやフィギュアの物の水表現に使える水の再現テクニックをご紹介

容器に溜まった水

▲深さのある容器に溜まった水を手軽に再現可能。透明度も高い。厚塗りする場合は何度かに分ける

情景用素材として知られている光栄堂のモデリングウォーター。混ぜ合わせる手間も無く乾燥後のヒケもわずか

バケツの水

▲粘度の高いクリアー塗料を直接、垂らしてバケツに溜まった水を表現するとフチが盛り上がってしまい表面が平らにならない

①透明プラ板をポンチで打ち抜く。バケツに入れてから少量の流し込み接着剤で固定する。水に色を付けたい場合は、あらかじめ内側に色を塗っておくと良い
②薄めたウェットクリアーを透明プラ板のツヤ出しと接着を兼ねて筆で塗る。クリアーを必要以上に厚塗りしないように注意する

飲料容器の中身

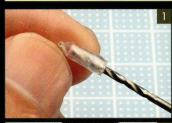

クリアパーツで容器が再現されたアクセサリーキットを使用して中身の入った飲料水を再現する。
①ピンバイスで容器の底から穴を開ける。クリアパーツは硬くて開けるのに苦労するが細い径のドリルから初めて徐々に太くしていく。いきなり太いドリルを使うとせっかくのクリアパーツが曇るので要注意。開口後、平ノミ（ゴッドハンドのスピンブレード等）で平らにして仕上げると実感が増す。
②飲料水の色を付ける際、スポイトで塗料を注入すると筆で塗るよりも色ムラが出にくい

建造物・ガレキ ストラクチャーの自作

建物の作り方はバキュームフォームキットを利用した方法を紹介しましたが、ここからはより自由度と再現力のある自作する場合を解説します

建物を作るのには市販のキットを使うのがお手軽なのですが、やはり自分で作ることができるようになると、ダイオラマ全体の構成に関して大きく自由度が上がります。キットだとどうしても形状や大きさに制約があるので、どうしても「ここがもうちょっと幅があれば……」「もう少し高さがほしい……」という事態が発生しがちです。

その点、建物や瓦礫を自分で完全に作ることができれば、そういった悩みとは無縁です。最初に書いた設計図や想像の通りに形を作ることができるので、より完成度の高い作品を作ることができるでしょう。ストラクチャーのキットを使って作品をまとめるのは大いにアリですが、建物を自作してしっかりとした構図の作品を作るのもまた別の面白さがあります。スキルアップしたら是非とも挑戦してほしい題材です。

製作・文／高木直哉
Modeled and described by Naoya TAKAGI
ソビエト軍 JS-4 重戦車 "スターリン4"
トランペッター 1/35 インジェクションプラスチックキット
Soviet JS-4 Heavy Tank
Trumpeter 1/35 Injection-plastic kit

市街地を表すもっとも効果的な演出方法は、なんといってもベースを石畳やレンガ敷などにすること。それだけで設定が市街地であると伝えることができます。石畳やレンガ敷模様のベースは最近いろいろな市販品が発売されており、容易に情景作品を作ることができるようになりました。しかし比較的手に入りやすい素材を使った手作りの工作方法をいくつかマスターしておくと、意図した構図にピッタリマッチさせたり、オリジナリティーを出すことができます。

今回の作例ではいちばんオーソドックスな「スチレンボードをケガく」方法をメインに行ないました。路面以外にもレンガ家屋の工作などに使えるなど汎用性が高く、市街地工作の必須テクといえます。今回はこのスチレンボード以外にもさまざまな材料を使ってみました。市街地は基本人工物で構成されているため、結構身の回りにある素材で使えるものが多く、またこれらを組み合わせることで質感の違いも表現でき、より市街地らしい雰囲気が演出できると思います。意外な材料の活用もまた情景作りの楽しみ方のひとつ。自分なりの表現方法を発見してみてください。

今回登場の「JS-4」は結局実戦投入されることはなかった車両のようですが、開発そのものは大戦中に完了しており、その意味では大戦戦車と言えなくもありません。ただJS-2などと比較すると、ソ連大戦車が共通に持つ無骨さは薄れ、現用に通じるスマートさを感じます。系譜的にはおもしろいポジションの戦車だと思いながら組み立てました。　　　　　　　　　　（高木直哉）

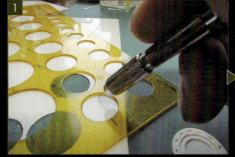
▲ピンバイスに針をセットし、円定規に淵に沿ってプラ板を何回もグルグルとケガくと綺麗な円形カットができる。組み合わせてマンホールに

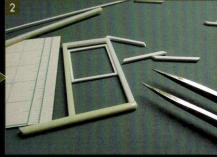
▲各サイズのプラ材角棒を組み合わせて窓枠や側溝のフタ作り

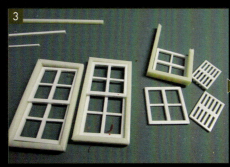
▲各サイズのプラ材角棒を組み合わせて窓枠や側溝のフタを作る

▲車両やフィギアを仮配置し構図を検討中。配する建物を工作用紙に書き入れバランスを見る

▲建物の形が決まり工作用紙をカット。この工作用紙はマス目が入っているため、工作を行なう上でなにかと便利で重宝する。素材としても適度な厚みがあり活用できる

▲今回建物の柱には石膏を使用。画像はプラ板で作ったその流し込み用の型枠

▲スチレンボードにボールペンでレンガ模様をひたすら書き込む。スケールを考え今回は6㎜×3㎜角とした。路面の場合は片面だけだが建物は両面処理し、ボードを3〜4枚貼り合わせる

▲実際のレンガの厚み10㎝の1/35スケールにほぼ合致するため、ボードは3㎜厚がおすすめ

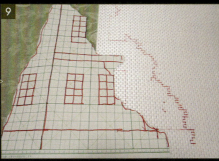
▲工作用紙の建物型紙に合わせボードをカット

▲建物の基礎部分には2㎜厚のコルクシートをカットし貼り付けた。質感の違いや立体感も演出できる。糊シール付なので作業も貼るだけ。ホームセンターで購入

▲先ほどの工程で切り出したコルクのチップを石組みに見立てて壁に貼り付ける。レンガ組みだけでは表情が乏しかったが、これで変化が付けられた

▲建物に使ったスチレンボードの端材を使って、レンガの塊を作る

▲紋様に沿って適当な大きさにカットし、木工用ボンドで2〜3枚貼り合わせる

▲工作物を仮配置してみる。路面電車の電柱以外はすべて手作り

▲変化をつけるため、単に2mm角のプラ棒を置いただけだが路面電車の軌道も工作してみた

▲マンホールの取り付け。ひと周り大きな径でボードをくり抜き、マンホールとの間に粘土を盛る

▲その粘土をパイプ材でスタンプし紋様を入れて変化をつけてみた

▲石畳をより自然にみせるため、角材の端を石畳の一個サイズに合わせた治具を作り、ランダムに凹みを付ける

▲歩道部分は石膏粘土を盛ってみた

▲その粘土に車道とは異なるパターンの紋様を入れる。パイプ材によるスタンプ方式

▲パイプ材はライターで炙り径の形を少し四角にしている。いくつか違うサイズや形のものを作っておくといろいろな紋様のアレンジができる

▲石畳の歩道再現作業完了

▲物内側の壁紙は、コピー用紙を手でちぎって貼っただけ

▲フロア部分は帆船模型等に使われる木製角材を使った

▲フロア部分と建物を組み合わせた状態

▲雨どいはストローで、支架はエッチングパーツのランナー部分を利用

▲手作りベンチ。左右の骨を対称に作る事が工作のキモ。ペンチでうにかって、一緒に曲げれば綺麗に型が揃う

▲ベンチのスクラッチビルドが完了。市販の製品を用意することも良いが、小物を自作するのもまた楽しい

29 ▲情景工作をほぼ終えた状態

30 ▲JS-4も組み立て完了

31 ▲ベースに車両を載せてみたが、砲身が長いためか台座に向かって手前左サイドのスペースが空き、どうにも収まりが悪い。そのためフィギュアの立ち位置を移すことに

32 ▲台座奥右サイドも同様に瓦礫で埋めることに。四角いレイアウトの四隅の処理には毎回悩む

33 ▲素材として重宝するスチレンボードだが、ラッカー系はもちろん、エナメル系溶剤にも溶けやすいのが弱点。ということで水性ニス(ツヤ消し)を塗り被膜を作る

34 ▲ニスが乾燥したら塗装していこう。塗装はアクリル塗料をエアブラシで吹き付けていく

35 ▲最初で塗った色にほかの色を少しブレンドしたものを石畳一個単位でランダムに筆塗りし表情をつけた

36 ▲ウォッシングは大好きな油彩のローアンバーを使用

37 ▲ベースを塗り終えた状態。この後瓦礫を足すが、その前にこのぐらいの状態まで仕上げておく

38 ▲瓦礫を撒いていく。まずは車両やフィギュアなどをベースに乗せ、全体のバランスを見つつ、どこにどのくらい撒くかあたりを付けておく

39 ▲瓦礫の第一段階として使用済み携帯カイロの中身を撒く。固定には木工用ボンドとマットメディウムを半々に混合し、牛乳くらいに水溶きしたものをスポイドを使ってタップリと落としていく

40 ▲携帯カイロの中身を撒く作業は瓦礫の第一段階。この後レンガなどを追加していく。そのため、この段階では隅々までキッチリ撒かなくてもよい

▲完全に乾いてからエアブラシで軽く塗装し、ベース色となじませる

▲瓦礫用ふりかけ各種。石膏粘土を薄く伸ばし乾燥させて割ったもの、レンガサイズにカットし着色したもの、土鉢をハンマーで砕いたものなど、一度に作ってストックしておく

▲レンガブロックは石膏粘土を3㎜厚に伸ばし、表面が乾いて加工しやすくなってから3㎜×6㎜にカット。着色はうすめ液で薄めると比較的粘度が低くなる油彩処理がお勧め

建物と地面、瓦礫の製作方法を中心に紹介してきたが、この作品でさらに注目して欲しいのは、街灯や自転車、それにベンチといった市街地を表現するためのストラクチャーが上手く追加されていることだ。また石畳の地面には路面電車の線路が埋め込まれているのもドイツ国内や都市部を表現するには有効な手段と言えるだろう。フィギュアのポーズや配置、表情からは最前線ではなく、少し穏やかな空気感を感じるものの、倒壊している建物の断面や瓦礫の上に置かれたバリケードによって、ダイオラマにグッと緊張感を持たせている。色使いも素晴らしく、主役であり大きな車体のJS-4がグリーンなのに対して、建物に補色となるオレンジを持ってくることで溶け合うことなく、建物と車両互いの存在感を見事に際立たせているのだ

Essential knowledge and skills of creating military model diorama. | 83

リアルな鉄筋コンクリート建造物を作る

戦場を再現するなら建物にダメージを加えるのは常套手段。ですが建物の作りによって壊しかたは変わりますので紹介しましょう

近代的な風景を作るなら大変効果的なのが、このコンクリートの建物です。現在の紛争地帯などの映像では常に背景として映り込んでいるということもあり、ある意味で「現代の戦場」のイメージを想起させるのに最適な要素です。

そういうアイテムであることから、これらコンクリートの建物は現用車両との相性が非常にいいです。M1エイブラムスなどの西側車両はもとより、T-80やT-90などのロシア製車両、さらに近年充実を見せている現用装備を身につけたフィギュアなど、コンクリートの建物と組み合わせられる素材は多数が存在しています。これら現用車両は大戦中の戦車と並ぶ大きな人気ジャンルのひとつ。クラシカルなヨーロッパのレンガでできた建物もいいですが、それとは別にコンクリートの建物の作り方を知っておくのは、ダイオラマ作りにおいて大きなアドバンテージとなるでしょう。■

製作・文／下谷岳久
Modeled and described by Takehisa SHIMOTANI
T-72AV ソビエト軍 T-72B/B1主力戦車 `コンタークト1`（改造）
トランペッター 1/35　インジェクションプラスチックキット
T-72AV
TRUMPETER 1/35 Injection-plastic kit

作品は作品正面、タイトルプレート側のほうから見ると、無人化し荒廃した市街地が表現されていて戦争の虚無感が上手く演出されている。それに対して裏側から作品を見ると、フィギュアを2体潜ませることで作品正面から見たときの印象から一変、戦闘はいまだに終わってなく続いているのだということを見るものに実感させるような構成となっている

Essential knowledge and skills of creating military model diorama.

ダイオラマの構成要素のひとつとして建築物は切っても切り離せないものとなっています。そのためさまざまなメーカーからプラスチック、レジン、石膏に至るまであらゆるマテリアルで再現された建築物が販売されていますので、作りやすい環境にあると思います。

ですが、それら多くの製品のなかでも壊れた鉄筋コンクリートをリアルに再現したダイオラマ用のマテリアルは数少なく、建築に携わる仕事をする身として鉄筋コンクリートを如何にリアルに見せるか？　どうしたらジオラマ模型の中に投影できるか？　世界のあらゆる建物に使用されているコンクリートをもっともリアルに再現できればダイオラマの表現方法として幅が広がるのではないかと考えました。

今回の作品もそれを念頭に製作しています。昨今の世界情勢においていまだ混乱の続くシリア。アレッポやダマスカスなど主要な都市部はかつての美しい町並みは見る影もないぐらい荒廃したコンクリートの建物群が廃墟と化しています。

シリアの情景のダイオラマを作るにあたってその土地や国特有の特徴をできるだけたくさんの資料を集め検証してから製作に取り掛かりました。まず軒先を兼用したせり出したベランダ、柱や梁、床、屋根スラブが鉄筋コンクリートで柱の間にコンクリートブロックを積み上げて壁を形成している構造。ベランダや塀、壁の一部に施される飾りブロックやタイル、オスマン様式のアーチや飾り柱、幾何学模様のタイルや彫刻、無機質なコンクリート打ちっぱなしに近い建築様式の中にも伝統と文化の感じられるものが日本の建築とは異なる特徴を兼ね備えています。今回の作品はシリアを撮影した写真から、特徴ある箇所をピックアップし寸尺を割り出すことで中東らしさを表現する建築形式に表現しました。コンクリート表現として石膏をベースに異形鉄筋に似せた真ちゅう線を石膏内部に配置し、石膏の硬化後に床、天井スラブ、柱を破壊することにより、自然に発生するひび割れ、欠け、欠落した箇所から覗く剥き出しの鉄筋を見せることにより一層リアルになるよう工夫しています。建物外部には銃撃などによる弾痕もシルカなど23mm機関砲の大口径からAK47の7.62mmの小銃などの大小さまざまな弾痕をつけることにより市街地での壮絶な銃撃戦の傷痕を施しています。

また建物の構造物以外にも赤色に塗られた給水タンク、パラボラアンテナ、エアコンの室外機、架空地線、電柱、大型のゴミ収集箱など人々の生活に欠かすことのできないものを配置し、つい最近まで住民が普通に生活していた街が一夜にして戦場となってしまった痕跡をいたるところに散りばめることにより情景のリアルさを高めています。
　　　　　　　　　　　　　　　　　（下谷岳久）

Essential knowledge and skills of creating military model diorama.

割れた鉄筋コンクリートを作る

鉄筋コンクリートの建築物をリアルに壊す技法を紹介します。ポイントは崩れたコンクリートの隙間に見える鉄筋の見え方が自然であるかどうかですが、この手法なら完璧です！

　コンクリートの割れ目から金属の棒が覗く、鉄筋コンクリートの割れ目は独特の形状をしています。こういう「独特」な部分をうまく再現できると、ダイオラマ全体のリアリティがぐっと高いものになるのです。

　割れた鉄筋コンクリートを再現するためには、本物と同じ作り方をして同じように壊す……というプロセスを辿るのが手っ取り早いです。綺麗に破壊するためには材料にひと工夫加えるのが大事です。さらに重要なのは解体現場などで崩れた鉄筋コンクリートの実物をよく観察してみるのも有効でしょう。

製作・文／下谷岳久
Modeled and described by Takehisa SIMOTANI

▲まずは鉄筋を作る。材料は0.3mmまたは0.5mmの真ちゅう線と0.15mm〜0.2mm程度の銅線

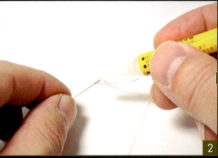
▲真ちゅう線に銅線を少し巻き付ける。銅線の供回りを防ぐために端を瞬間接着剤で固定しておく

▲低速回転ができる電動ドリルの先端に固定して指を添えながらゆっくりと回転させ、銅線を巻き付けていく

使う形・崩す部分に合わせて形状を決める

ここで紹介している鉄筋コンクリートの製作方法の解説では、先に紹介した作例（P84〜P89に掲載した作品）に使用したものでなく、わかりやすいように四角いサンプルを用意しましたが、補足として実際に作例を製作している様子も紹介します。ポイントは使用する形状に合わせてコンクリート板を作り分けることです

▲0.5mmの真ちゅう線に銅線を巻き終えたもの。0.3mmは一般的な鉄筋として、0.5mmはコンクリートの建物などの鉄筋として使う

1 スチレンボードの紙が貼っていない方の面を上に、細長く切ったスチレンボードを型取りしたい形に貼り付けて石膏を流し込む型を組む。この作業の前に厚紙を使い、建物の形状をあらかじめ出しておき、そのときの切り出した厚紙のパーツを参考に型の形状や大きさを決めると、枠組みの作業で悩むことが少なく上手くいく

2 石膏を枠に半分流してから鉄筋を入れるが、割らない部分（崩さない部分）がハッキリしている場合は、その部分の鉄筋は必要ない。ただし、あまり鉄筋が小さすぎると、割る作業でコンクリートだけの部分にヒビが入ってしまい分かれてしまうこともあるので注意

3 石膏で製作したのは床、天井スラブ、間仕切り壁、右側の外壁、支柱となる柱だ。石膏同士の接合部分にドリルで1mm程度の穴をあけて真ちゅう線を埋め込んで強度を出していく。また、空けた穴は後で石膏を詰めればほとんどわからなくなる。建物正面はスチレンボードで製作している

▲鉄筋を組み合わせ、ハンダ付けしていく。ハンダ付けに使う道具は、ステンレス用フラックス、ヤニなしハンダ、30Wのハンダごて、木製の作業台

▲0.5mmの真ちゅう線に0.15mmの銅線を巻き付けた鉄筋材料をカットする。100mm角のサイズで14本、15mm間隔で配置

▲フラックスを筆などでハンダ付けする箇所に塗る。フラックスは酸性なので皮膚や服などに付かないように注意

▲交差した真ちゅう線同士ををハンダ付けしていく。作業は箇所はピンセットなどで押さえるとやりやすい

▲ハンダを付けすぎてしまって鉄筋のシルエットが消えてしまった場合、ハンダ吸収線で余分なハンダを吸い取っておく

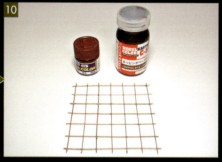

▲ハンダ後はフラックスを水で洗い流し、金属用プライマーを塗布した後に、モデルカステンのチッピングベース色で下地色を塗っておく

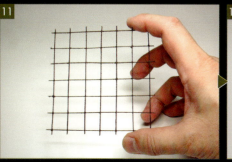

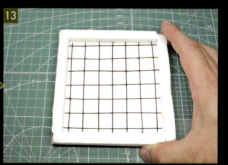

T-72AV Civil war

T-72AVはトランペッターのT-72B/B1とT-80BVD専用のボイジャー製エッチングパーツを組み合わせて製作。現地で改造されたT-72AVの外見上の大きな特徴として、砲塔のERA外周に鉄筋を溶接し、スラットアーマーの様な金網を設置、その隙間にコンクリートの破片や土嚢、ブロックなどが詰め込まれている

▲適量の水にタミヤアクリルのXF-20を加え不透明な水溶き溶液を作る。不透明であればいいので量は適当でも大丈夫

▲石膏を100gとりわける。砂利の代わりにマイクロバルーンも加えるが、多く入れると気泡が発生しやすいので注意して加えていこう

▲石膏に塗料を溶かした溶液を加えたら、マスの深さ半分の量まで石膏を流す。作業はペインティングナイフなどで均しながら行なうと上手くいきやすい

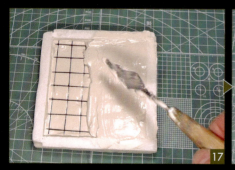

▲半分ほど石膏を流したら、上に先ほどの鉄筋を、沈まないようにそっと置く。置いたら上からさらに石膏を流し、枠のフチいっぱいまで充填していく

▲石こうを枠いっぱいまで注いだらヘラなどで表面を均す。気温によって変動するが、1日ほど置いてしっかり自然乾燥させると良い

▲乾燥を確認できたら型から外す。これで鉄筋コンクリートの壁はできあがり……だが、このままでは鉄筋を入れた意味がないので、ここから壊していくわけだ

▲板を割っていく。まずは板の下に棒状のものを置き割るが、割れたときに破片が散らばるのでビニール袋などに入れておいてから作業する

▲上から荷重をかけます。テコの原理で下に挟んだ棒の位置で割れてく。つまり割りたい部分に棒を敷くことがポイント

▲サンプルということもあり、単純に中央を割ってみた。割れが周りにも広がっているが、この状態がここまでの理想

▲今度は細かく砕く。ラジオペンチやプライヤーなどを使い鉄筋を露出させたい部分を砕いていく

▲大まかに崩したら、細かく表情を付けていきます。くれぐれも砕きすぎに注意しながら少しずつがコツだ

▲これで崩れた鉄筋コンクリートの再現は完了。鉄筋にコンクリートがまとわりついて垂れ下がった様子なども再現できる

完成!

基本塗装やウェザリングを施して仕上げればご覧のとおり。物とは材質こそ違うものの、造りを同じにしていることで圧倒的なリアリティーを出すことができる技法だ

折れた電柱を作る

割れたコンクリートと同じように、折れた電柱も特徴のあるストラクチャーです。割れた断面に走る鉄筋の入り方など、こちらも目を引くディテールのあるモチーフと言えるでしょう。
また電柱も近代的な街並みを再現するためには非常に有効なアイテムです。誰でも見たことのある要素なので、変圧機なども含めてしっかりと作るとダイオラマ全体が締まった印象になるでしょう。ある意味では、戦車のディテールアップよりも精密感を感じられるアイテムです。近代的な風景を題材とした作品では、是非とも添えたいところです。

製作・文／下谷岳久
Modeled and described by Takehisa SHIMOTANI

▲イタレリの「テレグラフポール」を支柱に使う。まずは折れさせたい部分で切り離す。作例は下から10mmの位置で切断した

▲二本に分離した支柱の中心部に、長いほうは5mm程度、短いほうは貫通するまで2mmのドリルで穴を開ける

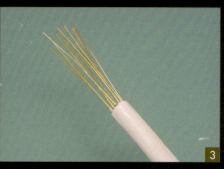
▲ドーナッツ状に開いた切断面に1mm間隔で0.3mmの穴を開け、そこに0.3mmの真ちゅう線を瞬間接着剤で固定していく

▲カットした支柱の上下を繋ぎ合わせる。鉄筋の見えしろは20mm。折った時にどれだけ鉄筋むき出しにしたいかで幅を決める

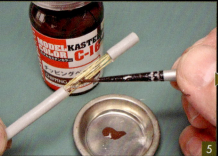
▲真ちゅう線に金属用プライマーを塗ってから、モデルカステンのチッピングベース色を塗っておく

▲2mmの丸いプラ棒の表面にワセリンを塗っておき、プラ棒を支柱の中心部に開けた穴に差し込む。長い方の支柱までしっかり差し込んでおく

電柱にはつきもの変圧器の時代感

第二次大戦中の電柱は支柱にがいしとその取り付けステーでも充分ですが、現代の電柱には変圧器が付いていたりします。現代でもそのような電柱も存在しますが、だからこそより時代を強調することができる特徴を追加することがとても重要になるのです。また変圧器は国によって形状も違っていて、場所の説明にもひと役買ってくれます。が、その分リサーチが必要となることもありますので注意が必要です

▶スクラッチビルドで製作した変圧器。プラ材に真ちゅう線や銅線、エッチングパーツといった金属を使い再現した。形状はインターネットで検索して確認して、どこにどの材料を使うことが最適かをしっかり考えて製作しているところ。変圧器は（電柱もそうだが）地域ごとに形状が変わるのがおもしろいところ。また、作り込むと手をかけた分だけダイオラマに精密感を持たせることができる

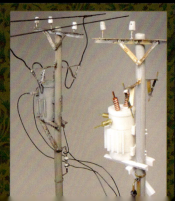

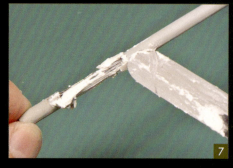
▲速乾セメントを少なめの水で溶き、真ちゅう線の部分に充填していく。乾燥が早いので固くなったら少し水を足す

▲表面に水溶き木工用ボンドを塗り、粉ふるいや茶こしを使って速乾セメントを粉末のまままんべんなく振りかけてまぶす

▲半日程度置いてしっかり乾燥させたら、表面をスポンジヤスリでひと撫でして整える

▲尖った針やピンセットなどで鉄筋が露出するように中心に詰まった速乾セメントを除去して鉄筋むき出しの折れた断面を整えていく

▲速乾セメントの接着力などで部分的に先ほど塗っておいたチッピング色の塗膜が剥がれたので再度塗装し直した

▲よいと思われる状態に仕上がったら、それ以上割れたり欠けたりするのを防ぐため、低粘度の瞬間接着剤を流し込んで固定しておく

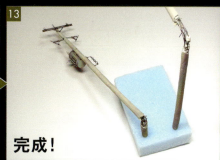

完成！

▲塗装も済ませて折れた電柱の完成です。先ほどの鉄筋コンクリートの壁や床はサンプルだが、こちらは作例で使用しているので参考にしてほしい

知っておきたい ダイオラマの はじめかた

Essential knowledge and skills of creating military model diorama.

知っておきたいダイオラマのはじめかた

編集	アーマーモデリング編集部
デザイン	海老原剛志
発行日	2019年 5月19日　初版第1刷
発行人	小川光二
発行所	株式会社　大日本絵画 〒101-0054 東京都千代田区神田錦町1丁目7番地 Tel. 03-3294-7861（代表） URL. http://www.kaiga.co.jp
企画・編集	株式会社　アートボックス 〒101-0054 東京都千代田区神田錦町1丁目7番地 錦町一丁目ビル4F Tel. 03-6820-7000（代表）　　Fax. 03-5281-8467 URL. http://www.modelkasten.com/
印刷／製本	大日本印刷株式会社

◎内容に関するお問い合わせ先：03（6820）7000　㈱アートボックス
◎販売に関するお問い合わせ先：03（3294）7861　㈱大日本絵画

Publisher: Dainippon Kaiga Co., Ltd.
Kanda Nishiki-cho 1-7, Chiyoda-ku, Tokyo 101-0054 Japan
Phone 81-3-3294-7861
Dainippon Kaiga URL. http://www.kaiga.co.jp.
Copyright ©2019 DAINIPPON KAIGA Co., Ltd.
Editor: ARTBOX Co.,Ltd.
Nishikicho 1-chome bldg., 4th Floor, Kanda Nishiki-cho 1-7, Chiyoda-ku, Tokyo 101-0054 Japan
Phone 81-3-6820-7000
ARTBOX URL: http://www.modelkasten.com/

Copyright ©2019 株式会社　大日本絵画
本書掲載の写真、図版および記事等の無断転載を禁じます。
定価はカバーに表示してあります。
ISBN978-4-499-23263-0

ダイオラマが完成したら

せっかく完成させた作品はちゃんとしまっておきたいもの。ただ段ボール箱にポーンと放り込んでおくのでは、破損もしやすくなりカワイソウ……。そこで、ここではダイオラマ作品の収納方法について一例を紹介しておきましょう！

▶スタイロフォームの台座に作品を乗せ、木製飾り台の形状にあわせた「押さえ」を作る。「押さえ」は木製飾り台にのみに接触するように削り、調整しておくのがポイント

◀スタイロフォームの台座は箱の大きさに合わせて決める。箱の方には台座と押さえの厚み分を足した位置に「レール」を接着しておく。これで箱の中で上下左右に動くことがなくなる。移動にも耐えられる収納箱が完成！